창을 여는 마음

RITA'S GARTEN

안리타

너무나 작은 일에도 나는 때로 너무 멀리 흔들린다. 이 예민함이 나를 지치게 할 때가 많았고, 세상을 그렇게 바라보는 일이 오히려 세상과 멀어지게 만들곤 했지만, 그럼에도 불구하고 나는 여전히 그 아주 작은 떨림을 들여다보며 살아가는 사람이고, 그 감각 하나가 오늘 하루를 결정지을 수도 있다는 걸 잘 알고 있는 사람이다.

꽃을 꺾는 사소한 행위만으로도
길을 걷는 누군가를 넘어지게 할 수도,
누군가를 연유도 모른 채
주저앉게 할 수도 있다고 믿는 편이다.

우리가 사는 이 세계는 그런 방식으로 연결되어 있고,
우리가 나누는 모든 순간은
서로의 삶에 흔적을 남긴다고 믿는다.

창을 여는 마음으로

나는 오래도록 혼자 걸었다. 걸으며 계절의 흘러감을 나만의 언어로 적어 내려갔다. 아무도 듣지 않는 숲의 이야기를 혼자 들으며, 들리지 않는 노래를 부르곤 했다. 세계와의 조우는 오롯이 나와 자연 사이에 머무르는 듯했다. 휘청이듯 지나간 장면들, 발화되지 않은 말들, 말없이 스쳐 지나간 존재의 흔적들. 그 모든 무명의 결들 속에서 나는 세상을 혼자만의 방식으로 살았다. 이름 없고, 소리 없고, 단지 감각만으로 가득한, 그것은 익숙한 풍경이었고, 자주 고요하고 고독했다.

그러던 어느 날, 누군가 창을 두드렸다. 나와 함께 풍경을 바라봐 줄 또 다른 시선, 들어줄 귀를 발견했을 때, 진짜 삶이 나를 흔들기 시작한 것 같다. 삶은 누군가와 함께 바라볼 때, 비로소 색채와 소리를 가지기 시작한다.

그렇게 나는 창을 연다. 마음의 틈을 천천히 벌려, 손을 뻗는다.

빛이 쏟아져 들어온다. 손끝에 닿는 너무나도 놀라운 색채를 마주한다. 그건 우리가 동시에 완성하는 채도의 세계이다. 나무 끝에서 흔들리던 잎사귀 하나도 누군가의 시선 속에서 더 선명해지기 시작한다.

언제부터인가 알게 되었다. 존재는 그 무엇도 혼자서는 존재할 수 없다는 사실. 이름도 불러주어야 이름이 된다는 사실, 눈앞의 것이 살아 있는 풍경이 되려면, 마음을 열어 그것을 꼭 지그시 바라봐 주어야 한다는 사실도.
마음이 되기 위해서는 함께 바라봐야 한다. 세계는 결코 혼자만의 독백으로는 의미가 되지 않으며, 그 어디에도 닿지 않는다.

이제 나는 혼자 알고 있던 세계의 떨림을 타인과 공명시키는 작업을 한다. 이 글은 그렇게 창을 여는 마음이다.

문득 이 앞에 멈춰 섰을 때, 울려 퍼지는 마음의 종소리를 너머로 전하고 싶다. 조용한 감각들을 꺼내어 나누고 싶다. 이 말들도, 이 침묵도, 창 너머 불어오는 미풍처럼, 잔잔하게 저편으로 가 닿기를 바란다.

2025.05.28

창을 여는 마음

그저 가만히 저들의 대화를 경청할 것.

세상이 이 순간 얼마나 많은 것들을 내게 묻고 알려주는가. 나는 이 세상에서 얼마나 많은 걸 배우고 있지 않던가. 그러니 나는 세상의 소리를 듣고 깨어난다. 그 무엇을 고집하거나 주장하지도 말 것. 새벽 서리 풀잎이 어는 소리, 바람에 가지가 몸을 떠는 소리, 달이 서서히 차오르는 소리, 별빛이 대지에 내려앉는 소리, 언덕 패랭이꽃 한 송이 고개를 드는 소리, 그 곁에서 풀벌레 한 마리 잠이 드는 소리. 모든 영혼과 생명과 자연의 소리에 귀 기울일 것. 가만히 앉아서 침묵하는 순간에 세상이 내게 대화를 걸어오는 모습을 바라볼 것.

들을 것.

그것이 내가 겸손하게 이 세상을 살아가는 방향일 것.

〈리타의 정원〉 중에서

청력을 다하다

빛이 그려낸 숲의 한가운데에서, 나는 자주 걸음을 멈춘다. 숨을 죽이고 귀를 세운 채 조용히 듣는다. 오른발과 왼발 사이, 살포시 걷는 이 간격 속에 우리가 놓치고 있는 무언가가 있지 않을까, 들리지 않는 소리가 있지 않을까. 아마도 이런 가설은 사실일 가능성이 크다. 꽃잎 한 장이 떨어질 때도, 새들과 벌레들은 우리가 느끼지 못하는 우레 같은 진동을 감지할지도 모른다. 행로를 따라 찍히는 발소리는 내게 거의 들리지 않지만, 그것이 새들을 하늘로 날아오르게 하고, 숲속의 생명들에게 잠깐의 숨죽임과 혼란을 안겨줄지도 모를 일이다.

나는 잎사귀들의 은밀한 떨림과 꽃잎 한 장의 낙하에, 낙엽 한 장이 땅에 닿을 때 발생하는 미세한 마찰음과 인간의 감각으로 들을 수 없는 청력에 집중한다.
우리가 살아 숨 쉬는 이 세계는 인간이 감지할 수 없는, 각기 다른 존재들의 무한한 감각으로 가득 차 있다.

가령, 오직 다른 종만이 느낄 수 있는 섬세한 파장, 바람과 기류를 읽는 독특한 새들의 공감각, 흔적을 따라 이동하는 동물들의 강력한 후각, 미세한 진동을 감지하는 곤충들의 세계까지. 이 모든 것이 사이사이 가득하다. 지금, 이 순간의 적요한 가운데에도, 무수한 소립자들이 춤추며 알 수 없는 멜로디를 창조한다.

만약 내가 바람을 가르며 하늘을 나는 새라면, 흙 속 깊은 곳의 주파를 느끼는 벌레라면, 수풀을 헤치며 미세한 냄새들을 추적할 수 있는 짐승이라면, 그 기분은 어떠할까. 하지만 나는 그들의 비밀을 도무지 알 수 없다. 아무리 귀를 기울여도, 나는 그 무한한 세계를 들을 수 없다. 인간인 나는 오감 외의 감각을 지니지 않았으며, 저 세계는 나와는 다른 언어로 살아가기 때문이다. 이런 상상은 다른 종과 계를 넘지 못하며, 나는 너무나도 인간에 갇혀 있다. 이 광활한 우주 속에서 온갖 생명체들이 각자의 방식으로 삶을 이어가는 동안에도, 나는 여전히 개인의 상념에 사로잡혀 있음이 유감스럽다. 동시에, 이 눈으로는 볼 수도 들을 수도, 느낄 수도 없는 미지의 세계가 이곳에 존재한다는 사실이 지적 호기심을 일으킨다.

내가 모르는 신비롭고 아름다운 세상은 상상력을 자극한다. 나는 그것을 빠짐없이 옮겨적고 싶다는 강한 충동을 느낀다.

세계는 우리가 알지 못하는 모든 것을 동원해 완성된다는 사실. 결코 도달할 수 없는, 무수한 종들이 어우러져 있는 바로 여기, 다 다른 개별적 시간이 서로를 모르는 채 함께 흐른다.

어쩌면 인간이기에 모든 것을 다 알 수는 없지만, 삶의 경이로움과 불가사의함을 상상하고, 감탄하며, 우리가 속한 세계와 존재에 대해 더 깊이 사유하게 된다는 점은 다행이다. 이러한 가능성 속에서, 인간은 자신만의 고유한 감각을 통해 삶의 아름다움을 탐구하고, 질문하며, 순간의 가치와 삶의 의미를 깊이 새길 수 있다.

아마도 그것이 내가 이 생에서 발견해야 하는 중대한 과제라 여긴다. 그리고 그것을, 비록 미미하게라도 인간의 언어로 옮겨 적어 전달하고자 하는 마음. 아무도 모르는 것들을 발견하고 깨우는 마음. 그것이 내 몫이라 여긴다.

"마치 큰 공이 떨어지는 소리 같았어요. 콘크리트공이 금속으로 만든 우물에 떨어지는 것처럼, 우물 주변에는 온통 바닷물로 차 있었고요. 아니요, 좀 더 땅속 같은 느낌이요. 소리가 울리는 곳이 지구의 중심부 같았어요."

영화 〈메모리아〉

소리를 찾아서

숲을 가로지르며 나만의 작은 아지트로 걸음을 옮기던 중, 굉음을 듣게 되었다. 아마도 저편의 산비탈 어딘가에서 울리는 듯했다. 소리는 정갈한 현재 사이로 내려꽂히며 쿵 울렸고, 번개처럼 심장을 한 번에 가격했다. 나는 그것을 무방비 상태로, 온몸으로 들이받았다. 모든 게 너무나 빠른 일순이라서 피할 수 없었다. 음파는 나아가기 위하여 여기 있는 모든 것을 동원해 파장을 일으켰다. 여음은 나를 휘감고 있었고, 나를 통과해 저편으로 퍼져 나가고 있었다. 무언가를 들었다기보다는, 나는 그 순간 청자가 아닌, 숲의 떨림으로서, 소리의 매질을 위한 일부로서 서 있는 듯했다. 동시에 소리는 뒤따르는 적요와 함께 서서히 지워지고 있었다.

나는 여전히 소리로서 울리고 있었다. 이 모든 것은 시간과 공간을 넘나드는 발생이었고, 그것은 벗어나면서 동시에 내 안에서 다시금 확장되고 있었다. 마치 벼락 맞듯, 나는 내게 꽂힌 진동을 오래 감내한다.

소리는 과연 어디에서 시작되어 어디로 갔을까, 그리고 어떻게 가면서 그 일부는 한 사람 속에 들어오는 걸까.

돌연 내게 떨어진 감각은 고요한 세계에 순간 균열을 일으켰다. 알 수 없는 사건은 종종 예기치 않게 찾아와 일상의 흐름을 깨운다. 마치 그 소리를 들어야만 했기에 정확히 여기 서 있게 된 것처럼. 존재에 대한 의구심이 나를 이따금 그 무엇 앞에 세우듯, 나는 거기서부터 중심을 다시 잡는다. 별것 아닌 일일지언정, 여운을 남기는 작은 사건들은 단조로운 삶을 재편한다.

그러나 소리가 지나간 자리는 아무 일도 일어나지 않는 듯 고요하다. 누군가 지나가지 않았는지, 함께 들은 이 없는지, 아무도 없었기에 물어볼 방도가 없다. 여전히 이곳의 새소리는 평화로웠고, 꽃들은 화사했으며, 숲은 싱그러운 녹음을 다 하고 있었다.

해가 지는 동안, 주변을 서성여도 나는 유감스럽게도 소리의 발원지를 도무지 알지 못한 채, 결국 희미한 여음만 맴돌다 귀가했다. 다음 날, 그다음 날에도.

그리고 며칠 후, 아무 일도 없었던 것처럼 평상시와 다름없이 늘 걷던 곳을 향해 산책했다. 매 순간, 구름은 흩어지며 번져나가고, 노을빛은 낮은 포복으로 찾아와 강렬한 존재감을 드러냈다. 이곳에서는 모든 것이 자연스러운 순리대로 흐르는 듯했다.

그러다 되돌아오는 외진 숲길에서, 어딘가 이상하게 일그러진 장면을 목도했고, 거기, 너무 많은 나무 사이에 기괴하게 쓰러진 나무 한 그루를 발견했다. 노을이 막 넘어가기 직전, 빛을 최대치로 기울여 자신의 붉은 기운을 숲의 구석구석에 입히기 시작할 무렵이었다. 강렬한 빛은 나무를 불길 속에 던져 넣은 듯 보였고, 숲은 타들어 가는 것처럼 작열했다.

가파른 비탈길 아래, 늘 거기 당당하게 서 있던 소나무가 뿌리째 뽑혀 있었다. 도무지 그 어떤 힘으로도 뽑힐 수 없는 나무가, 포탄을 맞은 듯 쓰러져 있었고, 뿌리에 혈흔 같은 적토를 군데군데 묻힌 채 전사했다. 매끈한 근육질 자태의 그것은 나무라기보다는 한 명의 건장한 인격처럼 느껴졌다. 그러나 갑작스러운 재앙으로 일순 무너진 듯 보였다. 자신의 넘어짐이 믿기지 않는 듯, 기이한 자세로 쓰러진 나무는 혼이 서린 듯 보였고, 나는 멀지도 가깝지도 않은 간격을 유지한 채 그것을 계속 관찰했다. 나는 그것이 여전히 살아 있음을 강하게 느꼈다. 그러나 동시에 낯선 감정에 압도되어 공포가 밀려왔다. 서둘러 그 자리를 벗어나려던 순간, 나무는 들으라는 듯 등 뒤에서 다시 한번 울렸다. 쿵. 나는 놀란 나머지 가슴을 쓸어내리며, 황급히 자리를 벗어났다.

소리가 어떻게 내게 다가와 충돌했는지는 알 수 없지만, 나무는 분명 내게 말했고, 자신의 존재를 모든 것으로 알렸다. 나무로서 나무가 할 수 없는 말을, 누군가 들을 수 있는 언어로, 최후의 소리로, 마지막 기적을 다하여 울려 퍼졌다. 집에 돌아와 테이블에 앉아도, 침상에 누워 이불을 덮어도, 이날의 쿵 소리는 내 안에서 멈추지 않고 계속 울려 퍼졌다.

소리의 기원

언젠가, 나는 그녀와 산책하다가 그날의 목격에 관해 이야기를 늘어놓았다. 그리고 그녀를 그 장소로 데려갔다. 이 사실을 그녀에게 생생하게 보여주고 싶어서였다. 그녀는 무척 흥미로워했고, 우리는 빠른 걸음으로 현장에 도착했다. 그러나 아무리 둘러보아도 쓰러진 나무는 보이지 않았다. 나무는 분명 여기 있었지만, 여기에 없었다. 나무가 사라진 자리는 언제 이곳에 커다란 나무가 있었던 듯 잡풀과 덩굴이 뒤엉켜 있었고, 뿌리가 뽑힌 흔적은 그 어디에도 보이지 않았다. 숲의 일대는 아무 일도 없었다는 듯 태연했다. 여전히 딱따구리가 나무를 쪼며 이곳의 일상을 나태함 속으로 물들이고 있었다.

당황스러움과 함께, 나는 현장으로 가까이 다가가 그녀에게 그날 들었던 소리와 사건을 자세히 풀어놓았다. 분명 여기 있었고, 여기서 시작되었다고, 나는 분명 이곳에서 소리를 들었고, 보았다고 말이다. 그리고 떨리는 어조로 말했다. 아무도 믿지 않을 거라고, 내 말을 믿을 수 없을 거라고.

내가 거짓이 아님을 애써 증명하려고 하자 그녀는 나를 의심하지 않는다는 표정으로 안도시켰다. 그리고 그녀는 진지하게 물었다.

"소리는 어디서 왔을까."

그 질문은 줄곧 반복되어 나를 떠나지 않았던 화두였지만, 명확한 대답을 내리지 못한 채 한참을 생각한 끝에 말했다. 그것은 아마도 마음에서 시작되었을 거라고 말이다.

"여전히 소리의 기원을 찾고 있어요. 소리는 이곳에 없지만, 나를 내면으로 한없이 유도하죠."

그녀는 고개를 끄덕이며 말했다. "사실, 나도 예전에 그와 비슷한 생각을 했던 적이 있었어. 그러니까, 아무도 없는 숲속에서 커다란 나무 한 그루가 땅 위로 쿵 하고 쓰러졌을 때, 그건 분명 네게는 사실이지만, 우리 모두의 사실이라고 할 수 없다는 점이 흥미로운 거야."

나는 그녀의 말을 정확히 이해하지 못한 채, 그저 고개를 끄덕이며 가만히 듣고 있었다.

"그러니까, 만약 그 자리에 듣는 주체가 없다면, 그것은 아무도 듣지 않았기 때문에 소리는 들키지 않는 채 사라지겠지. 아무도 그것을 소리라 할 수 없을 거야." 그녀는 다시금 말을 이었다. "그건 실재한다고 말할 수는 없지. 하지만 분명 누군가에게는 실재해. 소리는 그것을 들은 사람에게만 유효하니까. 저마다 그렇게 다 다른 감각을 새기며 살아간다는 사실이 흥미롭지 않아?"

그녀는 언제나 존재에 대한 심층적인 사유로 나를 이끌었다. 나는 그 말에 깊이 빠져들며 천천히 걸음을 옮겼다.

맞다. 소리는 나로부터 시작된 것이 분명하다. 나는 돌연 넘어지는 한 그루의 나무를 떠올렸고, 비스듬히 스러지며 땅을 뒤흔드는 마찰음과 잔가지에서 회오리치는 흙모래를 떠올렸다. 공기의 파장과 그것이 모든 나무에 닿아 퍼져나가는 장면을 연상했다. 그것은 끝끝내, 숲을 한가롭게 거닐던 한 사람에게 닿았다. 그렇게 마음을 뒤흔들며 한 차례 요동치고 저항하며 저편으로 서서히 떠나간 것이다.

그녀의 말이 끝나자, 나는 비로소 귀가 뜨인 사람처럼 알게 되었다. 소리는 결코 혼자 들을 수 없다는 것을, 어떤 존재와 함께 교차하고 충돌해야만 울린다는 것을, 맞부딪치는 그

접점에서야 비로소 소리가 쿵. 한다는 것을. 그것이 내게 왔으므로, 소리가 되었다는 사실을. 그리고 소리는 침묵 없이는 결코 발생할 수 없다는 진리까지도.

"맞아, 그건 설명할 수 없는 사실이야. 세상에 혼자 내는 소리는 존재하지 않으니까. 소리를 얻기 위해서는 반드시 혼자가 아닌 다른 무엇이 필요하고, 그것을 듣는 누군가의 귀가 있어야 하지. 그러니까 소리는 주변의 모든 것을 동원하여 매질하고, 그것을 소리로 인식하는 어떤 존재를 통해서만 소리를 얻으니까. 그러니까 내가 듣지 못한 그 소리는 분명 네게는 중대한 실재이고, 사건인 건 확실해. 그리고 이 모든 건 그것을 소리로 인식하는 주체자, 그러니까 그것을 각인하는 건 인간만의 능력이라는 거지. 아마도 영혼의 일 아닐까, 그것 없이는 그 무엇도 인지하지 못하니까. 세상의 모든 건 우리 안에서 시작된다는 거야."

소리는 그렇게 내게로 와, 나를 출렁이게 했다. 적요 사이로 돌연 떨어진 하나의 파동, 그건 분명 사건이었고, 각성이었다. 드러남이었고, 잔존감이었다. 정확히 내 세계로의 충돌이었고, 우주의 관여였다. 모든 존재는 그런 방식으로 돌연 다른 존재와 연결된다. 한 사람을 이루는 가장 근원적인 원리로 말이다.

그녀와의 산책을 마치고 돌아온 후, 우리가 나눈 대화를 곱씹어 본다. 그리고 마지막으로 나무가 쓰러지며 존재를 남겼던 장면을 떠올려본다. 이 사건은 이제 하나의 기억으로 남았다. 소리는 어느새 각인되었고, 내면 깊숙한 곳에 하나의 방을 형성하며 저장되었다.

존재의 기원이자 동시에 유언이었던, 처음이자 마지막이었던 외마디의 소리. 강렬한 기억의 소리. 이제 그것은 마음에 다다라 다시금 뿌리를 내리고, 나는 예정에도 없던 커다란 나무 하나를 키우게 되었다.

펼쳐진 세계 위에서

종종 가까이에서 우연히 발생하는 신비한 경험은 나를 삶의 한복판으로 불러세우곤 한다. 그리고 그것은 나와 공명하며, 이 한 존재가 세상과 진동하고 있음을 끊임없이 상기시켜 준다.

순간은 늘 질문을 흘리며 떠나가고, 나는 내게 찾아온 그것을 모두 진실로 받아들이며, 그것을 줍고, 펼치며 나아간다.

나를 스쳐 지나간 모든 것들을 떠올린다. 가슴을 쓸어내리게 했던 풍경들, 마음을 다해 응시했던 사물들, 가까이에 나와 연결된 사람들, 그들이 남기고 간 질문과 발자국, 때로는 의심과 고심, 자극과 상처. 그것들이 결국 지금의 나를 이루고 있다는 사실. 모든 건 우연히 한 세계에 닿아, 잠시 펼쳐진 세계 속에서, 우리가 이렇게 기적처럼 서로에게 현시된다는 사실, 실재라 할 수 있는 세상은 이런 방식으로만 엮여 있다는 사실, 시간이 흘러가도 한 번 각인된 세계는 존재를 몰랐던 이전의 시간으로 돌아갈 수 없다는 사실도. 그리하여 나는 모든 순간, 눈과 귀를 열어 세상에 더욱 섬세하게 반응하며 그 무엇도 놓치지 않는 사람이 되었다. 그것까지 내가 되기 때문이다. 나는 저편에 아직 오지 않은, 여전히 드러나지 않은 채, 깊은 우주의 심연 속에 숨겨져 있는 사건들에 대해서도 상상하고 갈망한다. 아직 도달하지 못한 그것까지도 존재의 가능성이기 때문이다.

누군가 들어주기 전까지 나는 발견되지 않는 세계이므로, 이 사소한 사건을 기록하는 것은 이 편의 내가 당신의 세계 그러니까 두 양립하는 세계를 연결하려는 시도에 가깝다. 충돌과 사건, 존재와 결속. 나는 그런 것이 궁금하다.

그리고 글쓰기는 내게 모든 감각을 넘나드는 다리가 되어준다. 책이라는 매질을 통해서 말이다. 언젠가, 숨겨졌던 이 보이지 않는 세계는 거기서 펼쳐질 것이다. 휘어진 시간과 공간 속에서, 누가 이 비밀을 들어줄 것인가, 그리고 함께 충돌하며 나와 함께 흔들릴 것인가.

여기 있는 나와 만날 가능성으로, 안팎을 이어주는 존재의 문으로써, 닿는다는 개별적 믿음 속에서, 마치 우연히 나무의 굉음을 듣게 되듯 말이다.

테이블에 앉아 노트를 읽다가 다시금 덮고 열기를 반복한다. 종이라는 물성은 내밀한 이 공간과 저편의 내가 모르는 공간이 하나로 만나는 창이라는 점이 좋다. 상상은 늘 가능성을 허용한다. 그리고 나는 이미 거기 닿아있는 기분이 든다. 모든 순간, 계속 스쳐 가는 숱한 세계의 창 중에서 잠시 손바닥을 맞댄 채 온기를 교환하는 세계가 있다는 사실. 이들과 서로를 말없이 바라보며, 아무 말도 하지 않지만, 거의 모든 대화를 나눈다는 기쁨이 나를 쓰게 한다.

자리에서 일어나 창가에 서서 바깥을 바라보다가, 커튼을 치는 마음과 창을 여는 마음에 대해 떠올린다. 나는 오늘도 먼 창의 풍경을 하염없이 바라본다. 바라보며, 나에겐 한 그루의 나무가 온전히 들어오는 창이 필요하다고 생각한다.

창에 기댄 채 바깥을 바라보며, 슬며시 입김을 불어 보는 마음으로, 손가락으로 가장 소중한 단어를 한 자 한 자 새겨보는 마음으로, 그런 마음으로 다시금 테이블에 앉아 노트를 펼친다.

나는 여기서 새처럼 앉아, 들리지 않는 노래를 부른다. 창밖에선 아무것도 보이지 않겠지만, 이곳 마음에는 정원도 있고, 커다란 나무도 자라고 있다. 이 나뭇가지에는 상상 속 새들과 그리고 그들이 흘리고 간 깃털처럼 여린 잎들이 바람에 가볍게 흔들리고 있다. 그 바람, 누군가에게 들려주고 싶다.

새와 창

짙은 고무나무 테이블에 앉아, 글을 쓴다. 오른편에는 작은 창이 있고, 부드러운 빛이 통과하며 지면을 은은하게 밝힌다.

글을 쓰다가 어느덧 문장을 이탈한다. 나는 누워 있는 활자 위에 드리워진 그림자를 따라간다. 움직이는 것을 쫓으며 천천히 흔들리는 흑빛 숨바꼭질에 서서히 참여한다. 투명하게 직조된 커튼의 레이스, 그 주름이 만들어낸 음영은 미세한 바람에 일렁이며 지면을 적셨고, 파도처럼 안팎으로 밀려들고 밀려 나갔다. 나는 나른한 파도에 몸을 실은 채 종이 위에서 바람을 느낀다. 의식을 꺼둔 채, 문장과는 무관하게 문장을 읽고 있었다.

바깥에서 어떤 소리가 나를 깨우기 전까지 말이다. 소리는 마치 누가 실수로 흘린 구슬처럼 창안으로 굴러와 지면 위에 쏟아져 내렸다. 나는 새소리를 읽기 위해 노트를 덮고, 청각에 온전히 집중했다.

그것은 처음에 좁은 창의 테두리 바깥, 나뭇가지 사이에서 시작된 듯했다. 무성히 자란 잡초가 창을 밀도 높게 완성하고 있었다. 보이지 않을수록 새소리는 더 가까워졌다. 소리는 건조하고 날카로운 것이 아니라, 동그랗고 보드라운, 혹은 가벼운 것으로 이루어져 있었다.

새를 담기에는 창이 너무나도 작다는 생각이 든다. 이걸 창이라 할 수 있을까. 작은 창, 열려 있는 창, 그건 단지 상상의 창, 자신이 담는 것 그 자체가 되어가는 창, 자주 숨는 창, 빛이 쏟아져 내리는 창, 부딪혀 깨지는 창, 커튼의 그림자를 밀고 당기는 창, 무심히 새소리 하나를 구슬처럼 굴리는 창, 목적 없는 창, 여러 표정으로 서 있는 창, 서서히 변하는 창, 눈을 감아도 계속해서 보이는 창, 읽어도 읽어도 끝나지 않아서, 그러다 이야기를 감춘 채 자신을 덮는 창, 사라지는 창.

나는 벽면에 몸을 기댄 채, 창밖을 염탐하듯 곁눈질한다. 창이 담아내지 못한 너머에는 마른 강아지풀과 이름 모를 덤불이 어지럽게 엉켜 있었고, 모퉁이에는 잡풀이 끝나자 시작되는, 배롱나무 사이사이로 움직이는 것이 있었고, 딱새 한 마리가 풀과 나무를 건너뛰며 꼬리를 흔들고 있었다.

딱새는 숲이나 강가 등 수목이 우거진 장소를 떠도는 새여서 마을에 잘 내려오는 일이 드물다. 그러나 가끔 화단이나 덤불 숲에서 모습을 드러내기도 하는데, 주로 천적을 피해 마을에 내려와 땅속의 벌레나 작은 지렁이를 찾아 먹는다. 겨울에는 따뜻한 지역으로 이동하여 볼 수는 없지만, 숨어 있기를 좋아하는 이 새는 나무의 그림자 뒤에 몸을 감추거나, 밤이 되어서야 소심하게 제 목소리를 내곤 한다. 이 새는 주로 새벽과 황혼에 먹이를 찾는다.

딱새는 대부분의 시간을 혼자서 보내며 숨기를 좋아한다. 매우 조심스럽고, 기척에도 쉽게 달아나는 습성 탓에 간혹 새 소리 외에는 잘 들키지 않는다. 그도 그럴 것이, 그의 갈색 깃털은 숲의 토양과 비슷해 쉽게 눈에 띄지 않는다. 그래서 산책 중 우연히 그를 발견하거나 기척을 들을 때면 나는 나를 닮은 이 작은 새가 무척 반갑다. 나는 커튼 뒤로 몸을 숨기고, 가능한 움직임을 최소화한 채 새의 시간을 보호한다.

그렇게 숨바꼭질하듯 창가에 기대어 책장을 넘기듯 다음 장, 그다음 장, 새를 몰래 읽었다. 새는 작은 고개를 기웃거리며 풀과 가지 사이를 왔다 갔다 했다. 그렇게 계속 숨어서 주변을 두리번거리며 무언가를 찾고 있었다. 잠시 이편을 바라본 것 같았지만, 나 역시 들키지 않으려 창 뒤로 재빨리 몸을 감쳤다. 그러나 작은 인기척에도 놀란 새는 잠시 외마디 울음 끝에, 땅을 딛고 어디론가 날아가 사라졌다. 영원히, 사라졌다.

새가 떠난 자리, 하나의 이야기가 종결된 곳에 남아 있는 고요. 노트를 다시 펼친다. 남은 것들을 떠올려 보는 일. 적히지 않은 모든 문장은 이제 내 몫이 되었다. 나는 바깥을 덩그러니 바라보며 돌아오지 않는 새를 기다린다. 창문의 입장으로, 한 마리의 새에 대해서 적는다. 다음 이야기, 그다음 이야기를 기다린다. 세상의 문장들이 거기 모여 시끄럽게 재잘거릴 것만 같다.

느리게 흘러가는 오후였다. 내가 노트 위에 새의 이야기를 탐하는 동안에도 레이스 커튼은 여전히 흔들리고 있었다. 풀들은 서서히 주황빛으로 물들어 가고, 그 뒤를 따라 모여든 새들의 무리는 창 안으로 들어오지 못한 채 바깥에서 다음 노래를 이어 부르고 있었다.

그녀의 창

언제부터인가 문득, 한 그루의 나무가 커다랗게 들어오는 창을 갖고 싶다고 생각한다. 한 마리의 딱새나 곤줄박이가 편하게 쉬어갈 수 있는 창. 흰 꽃잎이 흩날리는 살구나무가 가득 들어오는 창. 잎이 무성해 새들이 숨기 좋은 창. 숨기 좋아 누구에게도 들키지 않는, 나만 아는 이야기가 있는 창. 계절의 변화와 새들의 노래가 깃든 창. 사뿐히 착지한 햇살 사이사이로 숨바꼭질하며 뛰노는, 어디에도 쓰이지 않는 그들의 소설이 담긴 창. 심심할 겨를 없는 창을 갖고 싶다.

그 창만 있다면, 바깥으로 거닐지 않아도 한 자리에서 하루가 저물도록 그 풍경을 읽고 쓰며 끝없이 머물 수 있을 것만 같다. 하나의 큰 창과 나무가 있다면, 외로울 새도 없을 것이다. 열매를 따지 않은 나무는 겨우내 새들의 놀이터가 될 테고, 그러면 나는 방문한 새들의 노랫소리를 얻게 될 것이다. 그 노래를 들으며, 그들의 다정한 생애를 읽고, 아기새의 모험과 같은 소설을 써 내려갈 것이다.

그녀처럼 말이다. 그녀는 새가 사는 커다란 창을 갖고 있다.

그녀는 하루 종일 그 앞에 앉아, 어둠이 내릴 때까지 태양 빛의 이동에 따라 채색을 달리하는 나무를 매일 읽는다고 했다. 그곳에서는 시간의 변화에 따라 다다른 새의 무리가 방문하고, 어떤 새들은 오래도록 머물며 보금자리를 튼다고 했다. 그들은 쌀알, 호두 같은 곡식이나 사과, 바나나 같은 달콤하고 부드러운 과일을 제공해 주기만 하면 아무도 모르는 흥미로운 이야기를 계속해서 들려준다고 했다.

언젠가 그녀의 집에 방문했을 때, 그녀는 비밀 같은 방을 내게 제일 먼저 보여줬다. 그것은 고백과도 같은 일이었다. 혼자 사는 그녀의 집에는 텅 빈 방이 있었다. 방 안에는 흔한 장식도, 책도 없었다. 낡은 암체어 하나가 창의 동향으로 놓여 있을 뿐이었다. 아무리 봐도 특별할 것 없는 공간이었다. 그러나 그녀는 이곳에 모든 것이 다 있다고 말했다. 빈방을 두리번거리는 동안 그녀는 내게 창밖을 보라고 말하며 저 너머로 가리켰다. 창밖으로는 오래된 살구나무 한 그루가 있었다. 관리를 하지 않아 수형이 예쁘지 않고 키 큰 나무, 기둥이 거칠고 못생긴 검은 나무. 하지만 그녀는 저 나무를 좋아한다며 조용히 미소를 지었다. 나무 그림자가 제법 커서 이곳은 한낮에도 시원해서 동굴 속에 은둔하는 기분이 든다고. 대부분의 시간 이곳에서 창을 읽는다고 했다. 심심하면서도 정갈하고, 들키지 않는 상상으로 충만한 방은 왠지 그녀와 참 닮은 공간 같다는 생각이 든다. 그녀는 자신의 낡은 의자에 마치 호퍼의 그림 속 주인공처럼 앉았다. 나는 멀찌감치 거리를 둔 채, 가만히 바깥을 바라보는 그녀의 시선을 따라갔다.

그렇게 고개를 들어 너머를 바라보지만, 나는 들어갈 수 없는 세계처럼 느껴진다. 이 공간은 오직 그녀만을 위한, 유일한 상영관이었을 것이다. 봄이면 흰 꽃이 창을 가득 메워, 마치 구름 속에 있는 기분이 들었을 것이다. 꽃이 흐드러지면 눈이 내리는 것 같아 기쁘고, 어떤 날은 꽃향기가 창안으로 가득 내리쬘 것이다. 페이지를 넘기듯 계절이 바뀌면, 다음 장에는 풀잎이 어느새 무성해지고, 꽃이 지고 나면 그 자리에 새끼손가락보다 작은 열매가 하나둘 맺히기 시작할 것이다. 그녀는 매일 그렇게, 이곳에서 시간을 보낼 것이다. 그녀가 좋아하는 곳을 나는 이유 없이 좋아한다. 순수한 아름다움과 자유가 담겨 있는 그녀의 눈빛을 좋아한다. 어느 날 함께 걷다가, 그녀는 내게 반짝이는 눈으로 자신의 창에 대한 이야기를 들려주었다. 나는 그 이야기가 계속 듣고 싶어 자꾸만 채근했고, 집에 돌아오는 길에도 그 이야기가 꼬리처럼 따라와 다음 장면을 상상해 보곤 했다. 새들이 주인공인 이야기였다.

창의 한가운데 자리한 살구나무는 전지하지 않아 잎이 무성히 자랐고, 새들이 몸을 숨기기에 더없이 좋았다. 새들은 간간이 흔들리는 바람과 함께 나뭇가지를 타고 놀았다. 그러던 어느 날, 곤줄박이 한 쌍이 찾아와 살구나무 아래 오래 머물다 가곤 했다. 그러다 마침내, 그들은 나무껍질과 작은 가지들, 그리고 어디서 주워 왔는지 모를 동물의 털을 엮어 아늑한 둥지를 만들었다. 이 나무를 자신들의 집으로 삼기로 작정한 것이다.

암컷은 둥지에 몸을 낮춘 채 부리로 깃털을 정리하며, 자주 주변을 살폈다. 수컷은 나뭇가지 위를 재빠르게 옮겨 다니며 부지런히 먹이를 찾았다. 그는 날카로운 부리로 나무껍질 틈새를 톡톡 쪼아댔다. 날개를 펼칠 때마다 햇살에 비치는 깃털은 마치 열매처럼 반짝였다. 가지 사이를 오가는 그들의 움직임이 재빠르고 민첩해서, 마치 바람에 일렁이는 잎새의 춤처럼 보였다. 새들은 공중에 작은 곡선을 그리며 나무에서 나무로 날아다녔고, 때로는 멀리 나가 인근 숲을 탐험하고 오곤 했다. 그렇게 둘은 살구나무 위에서 낮과 밤을 번갈아 보내며, 그들만의 작은 세계를 이어갔다.

이른 아침이면 그녀는 분주한 새소리에 깨어났다. 매일 같은 시간, 그들을 위해 먹이를 내어놓고는, 가능한 한 관여하지 않은 채 창의 뒷면 의자에 앉아 조심스레 그들의 일상을 관찰하곤 했다. 계절이 바뀌며 나무는 열매를 맺기 시작했고,

잎들은 더욱 짙어져 새들이 몸을 숨기기에 더없이 좋은 은신처가 되었다. 살구가 점차 익어갈 무렵에도 곤줄박이 가족은 나무 위에서 매일 노래를 부르며 무언가 늘 분주했다.

그러나 평온한 나날은 오래가지 않았다. 한동안 단란한 시간을 보내던 이들에게 예상치 못한 변화가 찾아온 것이다. 어느 저물녘, 수컷 곤줄박이가 홀로 나갔다가 돌아오지 않았다. 그가 어디로 사라졌는지, 무슨 일이 있었는지는 누구도 알 수 없었다. 암컷은 그가 돌아오기를 기다리며, 날이 저물 때까지 살구나무 위에서 그를 부르짖었다. 밤이 되자 암컷은 나무의 가장 높은 가지로 날아가, 두리번거리며 한참 동안 무언가를 찾는 듯한 행동을 반복할 뿐이었다. 그러나 끝끝내 수컷은 돌아오지 않았다. 다음 날, 그다음 날에도. 그녀 역시 걱정스러운 마음에 창 너머로 고개를 기웃거리며 수컷을 찾았다. 그러나 더는 수컷 새를 볼 수 없었다. 며칠 동안 암컷은 길고 가느다란 울음을 이어갔으나, 이내 그 소리마저 더이상 들리지 않았다. 그녀가 내어주는 식량도 더는 먹지 않았다. 그렇게 창밖의 시간은 멈춰버린 듯 적막했다. 가을바람이 슬며시 불어오던 무렵이었다.

그리고 어느 날 아침, 그녀는 평소처럼 모이를 들고 나갔지만, 무슨 영문인지 암컷마저도 돌연 사라졌다고 했다.

흔적도 없이. 그날 이후, 다음 계절이 와도 새는 돌아오지 않았다. 곤줄박이가 모두 떠난 나무는 언제부터인가 다른 새들이 잠시 머물다 갔다고 했다. 가끔 까치나 직박구리 무리가 다녀와 시끄럽게 떠들 뿐이었다.

창가에 앉은 그녀는 멀리 떠나간 새를 무척 그리워했다. 마지막으로 암컷 곤줄박이를 본 날이 떠오른다고 했다. 마치 작별 인사를 하듯, 암컷은 창틀에 잠시 머물러 있었다고 했다. 그리고 높고 멀리, 저 하늘의 끝으로 날아갔다고. 그게 마지막일 줄은 몰랐다고.

깊어져 가는 초저녁, 어느덧 하늘은 점점 붉게 물들었고, 나뭇잎은 금빛으로 빛나기 시작했다. 창은 점차 커지고 희미해지는 듯했다. 마치 비어 있는 페이지를 바라보듯, 그녀는 아무도 남지 않은 창을 오래 응시했다. 공백의 창, 아무것도 없어서 더 선명히 들여다보이는 창, 자꾸만 끝을 맺는 창, 그리운 창.

그녀는 그 텅 빈 속에 홀로 앉아, 가을의 빈자리를 바라보며, 그리움과 외로움만으로 창을 바라보았을 것이다.

나는 이제 뒷모습으로 시작되는 글을 쓴다. 나는 창을 바라보고 있는 한 사람의 아름다운 자태를 읽는다. 그녀의 뒷모습은 작고 야위었으나 신비로웠다. 역광이 서서히 그녀의 굽은 어깨에 붉은 띠를 만들고 있었다. 점차 짙어지는 검은 그림자 속에서도 그녀는 미동도 없이 무언가를 계속 기다린다. 그녀는 떠나간 새가 돌아오지 않음을 알면서도 매일 같은 시간에 그들이 좋아했던 과일과 잡곡을 준비해 살구나무 아래에 살며시 내어놓곤 했다. 그리고 다시금 창의 뒷면에 앉아 더 커져 버린 나무를 오래 바라보곤 했다. 다른 새들이 무리 지어 내려와 시끄럽게 먹이를 먹고 재잘대다가 사라지는 동안에도 그녀는 한결같이 창가에 머물렀다.

창밖의 구름은 계속해서 흘러갔다. 바람이 불자 나무의 잎들이 일제히 흔들리고 곧이어 맹렬한 새들처럼 창으로 빠르게 돌진하며 떨어졌다. 한때 서사로 가득했던 창은 어느덧 텅 빈 허공을 자주 보여주었고, 오후가 깊어질수록 창의 표면에는 주홍색 빛이 부서져 흘러내렸다. 그녀는 자주 창을 닦았을 것이다. 아무 소리도 들리지 않는 밤이 올 때까지. 긴 침묵 속에 들어 기억에 잠긴 채, 어둠과 함께 더욱 짙어져 갔을 것이다. 그녀는 매일 그곳에 앉아 그렇게 완성되지 않는 책을 겨우내 읽어 내려갔다.

그녀와 종종 긴 산책을 하는 동안, 더는 그 새의 이야기를 듣지 못했다. 이야기는 그대로 종결되는 듯했다. 우리는 자주 함께 걸었고, 우리가 즐겨 가던 무지개 언덕에 올랐다. 언덕에 올라 황량한 풍경을 함께 관망했다. 멀리서 나무가 흔들릴 때마다, 잎들이 우수수 떨어졌다.

나는 그녀에게 저기 바람이 흔들리는 게 보이냐고 물었다. 그녀는 웃으며 대답했다. 나무가 흔들리는 것은 어쩌면 나뭇가지 사이에 있는 새들의 장난일지도 모른다고. 나무의 잎들이 흔들릴 때면, 그녀는 새가 숨바꼭질하며 놀던 장면이 함께 떠오른다고 했다. 나는 그녀의 시선을 좇아 가만히 흔들리는 나무를 본다. 그 이야기를 들은 날부터 바람이 불 때면 나무에서 바람의 자리가 보였고, 어쩐 일인지, 바람이 흔들리면, 새의 자리가 어렴풋이 보였다.

계절이 한 바퀴 돌아, 창밖은 다시 한번 봄의 생기로 가득 찼다. 살구나무는 매일 꽃구름을 피우고, 밤이면 흰 꽃들은 전구처럼 어둠을 밝혔다. 그녀는 늘 같은 공간에 앉아, 이따금 그 빛에도 의지해 창을 읽었을 것이다.

그러던 어느 날이었다. 그녀가 새들을 서서히 잊어갈 무렵, 창 안으로 익숙한 소리 하나가 굴러들어 왔다. 그것은 분명 마지막으로 사라진 암컷 곤줄박이 소리였다. 그녀는 놀라 일어서서 창으로 다가갔다. 자세히 관찰하니 분명히 그 새였다.

돌아온 암컷 곤줄박이는 이제 혼자가 아니었다. 그녀는 새로운 새 한 마리를 데리고 온 것이다. 그 새는 창틀에 다가와 자신을 알리듯, 시끄럽게 울었다. 암컷 곤줄박이와 새로운 연인은 살구나무 위에 다시금 둥지를 정비하기 시작했다. 그들은 점차 커지는 잎새 사이사이에서 바람처럼 나무를 흔들었다. 때마침 꽃들도 무성히 피어나기 시작했다. 창은 갑자기 분주해졌다. 살구나무는 다시 한번 이야기로 가득 찼다.

그녀는 언젠가 손뼉을 치며 내게 이 소식을 들려줬다. 그 소식을 전하는 동안 그녀의 눈빛은 더욱 깊어졌고, 그렇게 창문은 비로소 완성되는 듯했다. 한동안 잊었던 장면 속에서도 꽃은 피어나고, 꽃은 흐드러지고, 새들은 활기차게 울고 있었다. 그녀의 창을 떠올릴 때면 나는 그 이야기에 들어가 잠시 머물다 나오게 된다. 계절에 따라 변화하는 새들의 노래를 들으며 그것을 문장으로 모두 옮겨 적고 싶지만, 그들의 안녕을 염원하며, 슬며시 그녀의 창을 닫는다.

언제부터인가 문득, 한 그루의 나무가 커다랗게 들어오는 창을 갖고 싶다고 생각한다. 한 마리의 딱새나 곤줄박이가 편하게 쉬어갈 수 있는 창. 흰 꽃잎이 흩날리는 살구나무가 가득 들어오는 창. 잎이 무성해 새들이 숨기 좋은 창. 숨기 좋아 누구에게도 들키지 않는, 나만 아는 이야기가 있는 창. 계절의 변화와 새들의 노래가 깃든 창. 사뿐히 착지한 햇살 사이사이로 숨바꼭질하며 뛰노는, 어디에도 쓰이지 않는 그들의 소설이 담긴 창. 심심할 겨를 없는 창을 갖고 싶다.

그 창만 있다면, 바깥으로 거닐지 않아도 한 자리에서 하루가 저물도록 그 풍경을 읽고 쓰며 끝없이 머물 수 있을 것만 같다. 하나의 큰 창과 나무가 있다면, 외로울 새도 없을 것이다. 열매를 따지 않은 나무는 겨우내 새들의 놀이터가 될 테고, 그러면 나는 방문한 새들의 노랫소리를 얻게 될 것이다. 그 노래를 들으며, 그들의 다정한 생애를 읽고, 아기새의 모험과 같은 소설을 써 내려갈 것이다.

그녀처럼 말이다. 그녀는 새가 사는 커다란 창을 갖고 있다.

다정의 운명

누군가의 다정이 너무 곱고 선명할 때면, 마치 살아 움직이는 생물 같아서 다치거나 떨어질까 봐, 두 손에 새 한 마리를 조심히 올려놓고 바라보는 기분이 들기도 하는데, 둥글게 예열된 말은 내가 거기 둥지를 틀게 한다. 어쩌면 살아감은 그 새를 키우는 일이고, 가슴에 기록된 온기와 촉감을 잊지 않기 위해 보듬는 일처럼 느껴진다.

말로 다정을 만드는 사람은 늘 신중하다. 그들은 단어를 조심스럽게 골라 문장을 빚고, 지나치게 꾸미지 않으며, 가장 본질적인 온도만을 그곳에 담으려 한다. 말이 다정할 수 있는 것은 마음이 타인을 향해 있기 때문이다. 말은 흘려보낼 수도, 휘두를 수도 있지만, 섬세한 이들은 그것이 누군가가 기댈 수 있는 자리가 된다는 사실을 안다. 말은 던져지고 휘발되는 것이 아니라, 마음과 마음 사이를 맺는 약속이라는 것을. 자신의 말이 오래도록 남아, 누군가의 심장과 기억 속에서 다시 피어난다는 사실을 안다.

다정한 언어를 쓰는 사람은 자신을 소진하지 않으면서도 끝내 멈추지 않는다. 이들은 섬세히 쌓아 올린 단어가 언젠가 또 다른 다정이 되어, 다시금 다른 이에게 가닿을 것을 믿는다. 그런 이들은 마치 정오의 햇살처럼 손을 뻗으면 스며들고, 지나고 나면 그제야 그 자리에 머물렀음을 깨닫게 한다.

말이 입술을 떠나 허공에 닿고, 마음이 손끝을 떠나 타인에 닿는 그 순간, 그건 단순한 소리나 기호가 아니라 나와 타자 사이에 온기를 품은 또 하나의 존재가 된다. 존재의 울림을 가진 또 하나의 생명이 된다. 때로는 어떤 말은 날카롭고 깊이 스며드는 상처가 되기도 하지만, 어떤 말은 부드럽고 따뜻한 공간을 만들며 타인에게 전도한다. 어떤 말은 오래도록 가슴에 남아, 누군가의 마음에 집이 되어주기도 한다.

유감스럽게도 내게, 그런 온기는 거의 방문하지 않아, 늘 마음의 빈집을 오래 바라만 보며 살아가지만, 언젠가 오래전 누군가 내게 손난로처럼 건네준, 미약하게 살아 있었던 다정의 촉감을 잊지 않으려 나는 이렇게 매일 기록하는지도 모른다. 글쓰기는 내 연약한 순수성을 보호하는 방식이자, 내 안에서 살고자 하는 것들이 살아갈 둥지를 스스로 만들어 주는 일이다. 살아간다는 것은 단지 그 말들을 품고 지속하는 일과 같다.

이런 삶을 살아간다는 건 운명과도 같다.

나는 태생이 무척이나 기민하고 예민하다. 그것은 나의 잘못이 아니라, 그저 그렇게 태어난 것이다. 세상에는 태어날 때부터 고통의 통점을 크게 지닌 사람들이 있다. 그들은 누구보다 천성이 유순하여 간신히 숨을 붙이며 살아가는 새 같아서, 인기척에도 놀라 달아나고 자주 드러나지 않은 어둠에 숨곤 하지만, 세상에는 그런 여린 마음도 존재하는 것이다. 그러나 현실은 그런 이들을 쉽게 이해하지도, 허용되지도 않기에, 험난한 말의 파장 속에서, 연약한 마음은 더는 숨을 곳 없다. 어떤 이에게는 말이 단순히 가벼운 대화일 뿐이고, 침이고, 가래이고, 내던진 돌 따위겠지만, 나 같은 사람에게는 어떤 말은 생사를 가를 만큼 깊이 파고든다. 삶이 선천적으로 아픈 이들에게 다정은 생존과 같다. 그리하여 어떤 사람은 살기 위해 다정을 필사적으로 찾아 헤맨다. 그들에게 말은 단순한 소리가 아니라, 몸의 일부이며, 숨을 쉬는 방식이며, 존재의 집이 된다. 내게는 언어는 사람이 그것을 다루는 것이 아니라, 말이 사람을 살아가게 하는 것에 가깝다.

나와 같은 이들은 책 속에서 위로를 찾고, 다정한 세계를 꿈꾸며 글을 쓴다. 그렇게 하지 않으면 살 수 없기 때문이다. 어쩌면 우리는 모두 저마다의 방식으로 자신을 보호하며 살아가는지도 모르지만, 그 방식을 말의 칼날로 선택하는 사람도 있지만, 내게 언어는 마지막 희망이고 목적지이다. 너무 오래, 깊은 고독 속에 살아온 이는 온기를 향해 필사적으로 걸어간다. 그래야 겨우, 세상을 향한 감각이 균형을 찾아간다. 그 어려운 과정 속에서 언어를 다루는 일을 택한 사람은 결국, 스스로를 구하게 된다. 스스로 다정한 언어가 되기로 작정한 것이다. 누구에게도 듣지 못한 위로를 스스로 써 내려가며, 존재의 무게를 견디는 것이다. 쓰는 자는 말 속에 살아남은 생존자이면서 동시에 자신의 구원자가 된다.

글을 쓰는 사람은 어쩌면 처음부터 정해진 길을 따라온 것인지도 모른다. 세상이 거칠게 흘러가고, 쉽게 부서지고, 사라지는 것들로 가득하지만, 언제부터인가 이들은 오직 언어만이 붙잡을 수 있고, 품을 수 있는 것이라고 믿게 된 것이다.

지면 위의 솔직함은 더 이상 치부되지도, 금기시되지 않고, 서로를 모른 채 마음 하나로 순수하게 연대한다. 손끝으로 한 땀 한 땀 새긴 문장은 기억보다 오래 남고, 목소리보다 깊이 스며든다. 이들은 무언가를 쓰고, 발견하고 나누며 비로소 존재의 의미를 찾는다.

쓰는 자들은 모든 순간 신중하다. 언어의 무게를 누구보다 더 깊이 실감하고 견뎌왔기에, 무수한 밤, 누군가에게 이 마음이 어떻게 전달될지 고민한다.

그렇게 탄생한 문장은 누군가의 진심을 보호하는 집이 되어주고, 어디선가 상처받고 헤매는 이들을 초대해, 이곳만큼은 안전하다고 속삭인다. 스스로를 끌어와 누군가에게 무한한 다정을 선물한다. 나는 살아오며 그것을 어디서도 받지 못했지만, 이제 모두에게 줄 수 있게 되었다.

그러나 이러한 운명은, 다시금 그 누구에게도 마음을 받지 못한 채 짊어진 삶의 무게로 이어져 만만치 않고, 너무나 고독하여 한탄이 새어 나오기도 하는데, 왜 이런 삶을 살게 된 것인지, 어쩌다 이렇게 숨소리조차 조심스러운 나날을 보내야 하는지, 언제까지 긴 긴 밤, 홀로 초를 밝히고 앉아 적어 내려가야 하는지, 언제까지 이 까마득한 어둠과 고요를 통과해야 하는지. 때때로 글을 쓰는 운명이 무거울 때가 많다. 이 숙명은 해소와 동시에 또 다른 심연을 드러낸다.

오랜만에 만난 그녀에게 작업의 고초를 털어놓던 중, 그녀는 내게 다정한 말을 건넸다.

'너는 태생적인 연약함과 불리한 내력으로 언어를 승화시키는 일을 하는 사람이라고, 그건 아무에게나 주어진 축복이 아니라고. 어쩌면 운명이 너를 지켜준 것이 분명하다고.'

맞다. 이것이 내가 살기 위해 택한 수단이었지만, 돌이켜보면 스스로 찾아낸 축복이기도 했다. 글을 업으로 삼은 내게, 그것은 운명이 나를 지켜주는 유일한 길이었다.

🌿

그녀의 다정한 말 한마디가, 나를 살리는 듯해서, 무사히 오늘을 살아낸 기분이 들어서, 오늘 내가 마주한 모든 것 중에서 오직 그 한마디만이 살아남아서, 귀가하면서도 혹여 떨어져 흩어질까 염려되어 조심스레 안고 있었다. 내일이면, 이 온기는 모르게 날아갈 테지만, 잊지 않으려 이렇게 기록한다. 말은 분명 단순한 도구가 아니라, 사람을 흔들고, 깨우며, 때로는 살리는 것이다. 그 마음 문장으로 옮기니 미열이 난다.

나는 이러한 말이 단순한 전달을 넘어, 본질적인 존재의 힘이고, 인간이 가진 가장 근본적인 연대와 사랑의 표현이라 믿는다. 단지 우리는 그것만으로 충분히 누군가를 살릴 수도, 살 수도 있다.

다정이란, 누군가가 마음을 내보일 때 외면하지 않고 조용히 들여다보는 일이다. 한 사람을 투명하게 통과하고 나서야, 품어주는 언어가 된다.

오랜 어둠을 견뎌본 고독한 사람만이 가질 수 있는 온기가 있다. 혼자임을 너무 오래 주시하는 눈은 그 눈빛으로 타인을 밝힐 수도 있다고 믿는다. 그리하여 타인의 마음속에 엎질러진 이것을, 내 고독을, 침묵의 외침을, 그리하여 또 하나의 삶을 켜는 환함을, 이토록 놓지 않고 있다.

한 사람이 지나간 후에 남은 여운 같은 것을 생각한다. 어떤 사람은 쉽게 잊히지만, 어떤 사람의 잔상은 오랫동안 내 마음을 떠나지 않고, 계속 머문다. 나는 보이지 않는 것, 모든 것이 가고 난 후에 남아 있는 것들에 관심이 많다. 그러니까 향기와 분위기에 관심이 많다. 표정보다는 뒷모습에, 포옹보다는 체온에 관심이 많다. 말이 막 발화하기 전이거나 말이 끝나는 지점에 멈춰 서 있을 때처럼. 언제까지나 여전히 모르는 것으로 남아있는 모든 것이 나는 늘 궁금하다. 꽃이 피는 것보다 꽃이 진 자리가 나를 떨게 한다.

한 사람

나는 누군가와 대화할 때, 그 사람의 말이나 메시지보다는 어투나 목소리에 관심이 많다. 무심코 흘러나오는 눈빛과 태도에도 마음이 간다. 앞모습보다는 뒷모습에 더 눈길이 간다. 사람을 나타내는 본모습은 그 사람의 주변을 둘러싼 분위기나 태도까지 의미를 가진다. 그의 어깨 너머로 흘러내린 잔상, 손짓이나 동작 끝에 남겨진 무늬 같은 것 말이다. 자꾸만 지나간 자리에 마음을 흘리는 이가 있다. 그 자리에는 보이지 않는 여운과 향기가 남고, 나는 이상하게도 계속해서 곱씹게 된다.

나는 숱한 단어 중에서도 말씨나 솜씨, 마음씨, 글씨 같은 단어들을 좋아한다. 그 단어들은 보이지 않는 흔적, 태도를 가늠케 하면서, 거기에 정성과 품이 들어가 있고, 사람의 깊은 본심을 드러낸다. 그리고 그 단어들에는 단순한 뜻을 넘어, 하나의 깊고 넓은 세계가 응축되어 있다.

말은 단지 정보를 전달하는 수단에 지나지 않지만, '말씨'는 다르다. 그 안엔 한 사람의 숨결, 내면의 온도까지 깃들어져 있다.

'솜씨' 또한 기교와 실력을 넘어서는 정성과 시간의 흔적이 담겨 있다. '글씨'는 단순히 쓰여진 글자가 아닌, 필자의 마음과 삶의 자세를 보여준다. '마음씨'는 어떠한가. 세심하고 배려 깊은 한 사람의 다정과 공손이 스며있다. 이런 단어들은 누군가에게 세계를 열어주는 포문과도 같다. 한 사람이 오랫동안 일구고 만들어온, 어떤 우아한 세계 말이다. 나는 그렇게 시간과 여운이 깃든 단어와 그러한 마음을 지닌 사람을 좋아한다.

누군가와 대화할 때는 '뉘앙스'를 본다. 언어의 아주 미묘한 차이를 통해 상대방의 심중과 기분을 파악하게 된다. '울림'은 마음속에 깊이 번지는 공간을 보여준다. 말 뒤에 숨은 '침묵' 속에는 한 사람의 '내력'과 인내의 시간이, 이를 통해 마음의 자리가 환하게 보이곤 하는 것이다.

누군가의 옷 스타일이나 외양보다는 '매무새'에 더 관심이 많다. 시각적 면모보다는 그 안에 담긴 태도와 세심함, 한 사람의 품위와 무드가 고스란히 전해지기 때문이다. 얼굴보다는 '인상'을, 눈보다는 오랫동안 무언가를 골몰한 적 있는 '시선'의 깊이와 세월이 반영된 '눈매'에, 시선보다는 한 사람의 영혼을 담고 있는 '눈빛'에 관심이 많다. '빛깔'도 마찬가지다.

그건 단순한 색이 아니라, 그 안에서 다채로운 색의 조화와 미묘한 온도를 상상하게 된다. 한 사람이 지나간 자리, 계속해서 맴도는 '향기'는 그 사람의 감각적 고유성과 독특한 분위기를 자아내고, 가장 오래 한 사람을 각인하게 한다. '내음'은 단순한 후각이 아니라, 향과 함께 애틋한 기억을 연상케 한다. '자취'는 지나간 자리의 흔적을 떠올리게 하며, 마음의 궤적을 천천히 따라 걸어가게 한다. 그런 것들이 한 사람을 더 근사하게, 혹은 초라하게 완성한다. 그렇게 전체적인 분위기가 균형 있게 어우러져 있는 이를 만날 때, 참 '멋' 있다는 생각이 든다. 겉으로 드러나는 아름다움 이상의 진한 매력 말이다.

자신만의 특별한 시간과 공간을 보이며 무언가를 남겨 놓는 이를 만나고 돌아온 뒤, 남아있는 여운을 곱씹기라도 할 때면, 존재가 사라진 뒤에도 이어지는 느낌, 나는 거기서 한 사람을 진심으로 만나게 되고, 신뢰하게 된다. 그 삶의 자세에 동조하고, 존중과 동질감으로써 마음이 이끌리게 된다. 그럴 때 '결'이 맞다는 표현을 쓴다. 나는 그런 방식으로 누군가와 자연스럽게 맞춰가는 '무늬'를 좋아한다. 함께 흘러가는 '흐름'을 좋아한다. 이상하게도 나는 그런 이에게 '손짓'하게 된다. 손짓은 단순한 동작을 넘어선 포용의 의사 표현이다. 나는 곧이어 '손길'을 보낸다. 손길은 마음의 '결'을 맞추며, 함께 한 곳을 향하자는 의지를 담고 있다.

동시에 그곳엔 '온기'와 '다정함'이 있다.

피부를 어우르는 감각 너머의 '감촉'은 어떤가. 물리적 접촉을 넘어 느껴지는 정서적이고도 친밀한 감각 말이다. 그렇게 나는 한 사람이 보여준 신뢰에 호응하며, 그를 이해하기 위해 그 사람의 삶을 되짚어보게 된다. 분위기는 그 사람이 오래 일궈 놓은 시간과 공간의 힘이며, 확장된 세계이다. 오랜 시간 자신의 마음을 깊이 들여다보지 않고서는 결코 아무나 만들 수도, 가질 수 없기에 더더욱 고유하다. 그것을 지니기까지 한 사람은 얼마나 많은 고민과 고독, 깊은 생각에 앉아 있었던 것인지, 곱씹어 되새기게 된다. 나는 그런 이들을 보면 각별한 마음과 동시에 삶의 내력까지도 더욱 궁금해진다.

한 사람의 섬세한 내면과, 조심스러운 사유. 정성과 시간을 들인 마음을 읽게 되기까지. 그것을 제대로 보기 위해선, 어쩌면 나 역시 모든 삶을 공들여 걸어와야 했을 것이다. 아무에게나 주어지지 않는 시력을 갖고 한 사람이 한 사람을 같은 분위기로 알아보는, 내가 나를 오래도록 돌아보고 당신이 당신을 깊이 발견하는, 그 접점에서야 우리는 진정한 우리를 마주하게 될 것이다. 그건 우리를 설명 없이 설명하고, 우리의 세계를 보다 더 환하게 비출 것이다.

그리하여 나는 다시금 내게 수렴하여 내가 지닌 삶의 무늬를 가만히 들여다본다. 그 속에서 나는 어떤 색을 띠고 있을까. 당신은 또 어떠한가. 우리가 우리이기 이전에, 먼저 자신만의 씨앗을 가져야 할 것이다. 그리고 그것을 정성스레 가꾸어야 할 것이다.

※

향기를 남기거나 여운을 남기는 글을 읽을 때면, 문장도 때로는 매력 있는 사람처럼 느껴진다. 그렇게 찬찬히 걸으며 발자국을 남긴 문장을 마주하면, 잠시 멈춰 서게 된다. 무언가를 자꾸만 흘리며 남긴 흔적을 줍고, 그 여운을 곱씹게 된다.

그런 방식으로 글의 씨앗을 품고 싶다. 무언가 쓰고자 한다면, 어쩌면 더 많은 씨앗이 필요하다. 마음을 나눈다는 것은, 오랫동안 품어온 씨앗을 타인에게 하나씩 건네주는 일이기 때문이다.

우리가 문장에서 만나기까지, 문장이 지나간 자리 숨겨진 비밀스러운 여운을 함께 피워낼 때까지, 나는 어쩌면 더 오랜 시간 견뎌야 할 것이다. 그러기까지는, 오랜 노고와 인내, 고독과 어두움이 필요하다. 계속 뒤돌아보거나, 눈을 지그시 감는 그런 글을 쓰려면, 우리가 서로를 진정 알아보려면.

눈에도 심리가 있어
어떤 눈은 마음을 읽고, 생을 들여다본다.
어떤 눈은 감정을 느끼고
어떤 눈은 말을 걸고, 노래를 부른다.
꽃을 바라보는 눈은 아름답다.
향기를 맡는 눈은 더 아름답다.

〈사라지는, 살아지는〉 중에서

영혼의 일

그중에서도 나는 눈빛에 가장 마음이 간다. 한 사람을 만나 이야기를 나눌 때, 나는 사람의 외형이나 표면이 아니라, 눈빛을 가장 믿는 편이다.

그렇게 사람의 눈을 마주 볼 때면 이따금 아무것도 보이지 않아 공허를 들여다보는 것 같고, 너무나 습습하고 어두워서 서둘러 돌아 나오기도 한다. 때로는 이편을 스쳐 가는 텅 빈 유령처럼 느껴져 눈을 돌리기도 한다. 그러나 어떤 이의 눈빛에서는 강한 영혼의 끌림을 느끼게 된다.

눈빛을 어떻게 비유할 수 있을까 고민하다가, 그건 마치 이 테이블 위에 놓인 촛불 같아서, 켜진 촛불 주위로 둥글게 흔들리는 빛을 가만히 가만히 바라보는 마음으로 그를 대신하게 된다. 타오르는 촛불, 그 중심에 가까이 갈수록 매우 뜨겁고, 내부의 가장 깊은 자리는 눈부신 법이다.
그렇게 꺼질 듯 꺼지지 않는 촛불을 가만히 바라보고 있으면,

빛이 지닌 힘이 영혼의 속성과 그대로 닮아 있음을 느낀다. 영혼은 모든 것을 넘어 깊이 관통한다. 그것은 쉽게 부서지거나 잘리지 않으며, 말없이 스미는 힘이 있다. 그 영혼이 고스란히 담긴 눈빛은 아무것도 속일 수 없는 가장 진실된 빛과 같다.

빛은 자신을 볼 수 없지만, 영혼이 있다면 그것은 분명 주변을 환하게 전도할 것이다. 아무도 이 불을 데울 수는 없지만, 불은 본연의 속성으로 주변을 밝히며 온기를 나눈다. 그런 눈빛을 지닌 이들이 있다.

마주한 눈빛 속에서, 우리는 서로의 깊이를 서서히 들여다본다. 그렇게 한 사람의 깊은 동공 속에 감춰진 영혼을 바라볼 때, 내 눈빛 또한 함께 윤활한다. 그것은 누군가의 어두운 방에도 온기를 주는 것이라서, 사람보다도 사람 안에 깃든 본질을 서로가 발견할 때, 그 세계는 이내 따뜻해진다. 서로의 빛은 함께 타오르고, 세계는 더욱 환해진다. 눈빛은 그런 특별한 힘이 있다.

때로는 모든 것을 품고 있는 인간의 눈빛이 신비롭다. 아무도 알려주지 않았는데도 서로를 바라본다는 사실이, 이 눈빛이 누군가를 녹이고, 어루만지며 데워 준다는 사실이, 서로의 꺼져가던 눈빛을 태우며 불 지필 수 있다는 사실이, 눈빛으로 모든 대화를 할 수 있다는 사실이, 그리고 어쩌면, 우리에게 그것이 전부라는 사실이. 나는 줄곧, 눈 말고 눈빛으로 보고 싶다. 사람들의 외면이나 행동보다는, 그 너머에 숨겨진 마음과 영혼을 보고 싶다. 그것이 눈앞에 현현한다면, 어떤 빛깔을 가질 것 같다.

나는 그런 방식으로 사람들의 머리 위로 부는 작은 소용돌이를 보고 싶다. 한 사람의 반경 속에 펼쳐지는 생명의 춤을, 빛이 흐르는 형형색색의 오로라처럼, 각기 다른 색을 뿜어내며 서로의 존재를 비추는, 그러다 서로를 부드럽게 감싸며 환해지는 장면을. 그렇게 서로를 붙들며 지속되고 있는 투명하고 맑은 시선을. 다 다른 천체를 살아가는 이들의 삶과 고독을. 그 모든 영혼을 바라볼 때, 나는 진심에서만 들리는 고요한 이야기들을 비로소 읽을 수 있을 것만 같다.

영혼은 보거나 만질 수 없고, 인간의 감각으로는 분별할 수 없지만, 그럼에도 나는 육신의 관찰자가 되어 매 순간 그 막연한 영혼을 발견하려 주시할 수밖에 없다. 그 모든 걸 관통하여 마주보기 위해서는, 내 안에 깊은 심지를 오래 바라보는 긴 시간이 필요하다.

영혼이 어떻게 달아오르는지 느껴보는 것. 그것은 나를 살게 하는 것이고, 나를 이끌고 가는 것이며, 드높이 밀어 올리는 것이기 때문이다.

가만히 들여다보면, 영혼은 세상 곳곳에 몸을 드러낸다.
검은 비탈에 넘어진 한 사람이 외마디 비명과 함께 양손으로 땅을 짚을 때, 몸을 기다가 서서히 무릎을 세우는 찰나에, 굽었던 몸을 펴는 순간에, 나는 영혼을 발견한다. 손을 털고 신발 끈을 고쳐 묶다가 다시 하늘을 올려다보는 순간, 영혼이 다시 켜지는 것이 보인다.
펑펑 울다가 그친 외마디 침묵 속에, 밤새 앓다가 첫 새벽을 맞이한 자의 깊은 눈빛 속에, 제 이름을 수천 번 부르며 걷는 자의 호흡 속에, 그 절박함 속에, 혼자 놓인 밤공기 속에서 그것이 보인다.
침묵하는 뒷모습을 바라보는 침묵으로써, 우는 자를 바라보는 우는 얼굴로서, 일어서기를 가만히 기다리는 넘어짐으로써, 누군가는 여전히 거기, 아직 참고 있는 영혼이.

그 안을 한없이 바라보면 더 잘 보인다. 영혼이 어디서 타오르는지, 그것은 왜 그렇게도 끈질기게 모든 고요와 어둠 속에서도 살아남는지도.
조용히 앉아 있다가 제 기척 소리에 놀라는 표정 속에서, 모든 침묵과 모든 고독 곁에서, 서서히 시선을 돌려 내면을 향하는 그곳에서, 어쩌면 죽음과 삶의 모든 경계에서, 살을 비비며 불을 지피는 그 인내 속에서, 꺼진 촛불을 되살리려는 희망 속에서, 나는 온몸을 펴 춤추는 영혼을 본다.

🌿

사랑과 의지, 끝없는 호기심과 사유, 때로는 무거운 한과 슬픔, 한순간 번쩍이는 희망의 섬광들. 공기, 마음, 꿈 같은 것들. 이토록 나를 움직여 살아가도록 하는 모든 동력은 형상 없는 것들이다. 그것은 크기도 색도 없다. 향기도, 소리도 없다. 그것은 보이지 않으나 굉장히 밀도 높은 무엇이어서 정의 내릴 수 없으나, 그것은 마치 공기처럼 나를 감싸고, 마음 깊은 곳에서 쉼 없이 박동하며, 거대한 에너지로써 나를 부추기고 이끌어간다. 그것은 보이지 않지만, 비어 있음 속에서 풀어지지 않는 무게로 존재한다. 멀리 뻗어나가며 은은하게, 투명하게, 반경을 좁힐수록 깊고 환하게. 존재의 가장 깊은 차원으로 파고들면, 그 무엇도 막을 수 없는, 끝없이 확장되는 무한한 영혼만이 남아 있다.

이곳의 나는 안전하고, 이곳의 나는 참지 않는다. 참지 않음으로써 밝다. 두려움과 공포도, 불안도 경험하지 못한 막 깨어난 아이의 눈빛을 장착한 채 나는 모든 어두움을 태운다. 어둠은 죽음에 가깝지만, 자신을 밝히는 눈빛만은 산 짐승의 것이다.

〈리타의 일기〉 중에서

마지막 작별을 고하는 노을을 아직 보낼 수 없어서, 산의 중턱에서부터 호수까지 한참을 내달렸다. 빛의 윤곽이 붉은 띠를 보이며 저편으로 멀어져갔다. 물가에 막 도착해 그것을 애도하며 올려다볼 때쯤, 노을은 비로소 안도하듯 스르르 눈을 감았다.

*노을, 호수, 산책

작별을 고하는 노을을 아직 보낼 수 없어서, 나는 산의 중턱에서부터 저편까지 한참을 내달렸다. 하늘은 이미 다홍빛으로 물들어 있었다. 마지막 노을 빛줄기가 숲에 길을 내며 나를 이끌었다. 그 끝자락을 꼭 붙든 채, 호수로 향했다.
나무들 사이로 빛은 점점 더 가팔라지며 모두 한곳으로 흐르고 있었고, 나는 그것을 놓칠세라 숨을 고를 틈 없이 달렸다.

드디어 숲을 벗어나 도심에 닿았을 때, 풍경은 숲과는 다르게 이색적으로 변했다. 거리를 메운 사람들의 웅성거림은 옅은 습기처럼 밀집되어 귓가에 윙윙거렸다. 바삐 당도한 빛들이 광장에 즐비했다. 고층 건물의 창문과 거리 상점의 유리창에도 붉은빛이 쏟아지며 사람들을 현혹했다.

저편의 석양빛은 자신이 조금씩 붉어지고 있다는 것을 눈치채지 못한 사람의 머리칼까지 붉게 물들였다.
사람들의 머리 위로 흘러내린 빛들은 다시금 거리로 섞여

*〈리타의 산책〉 중에서

들어갔고, 섞인 채 어디론가 다시금 이동하고 있었다. 우리는 도심의 광장을 서둘러 빠져나와 마지막 빛과 함께 호숫가에 닿았다.

이제 세상의 모든 빛은 호수의 한가운데 와 마지막 쉼을 다하는 듯했다. 일부는 길게 누워 있었고, 일부는 물속으로 뛰어들었다. 호수는 어느새 하늘과 똑같은 빛깔로 물들었고, 물은 뜨거운 빛을 모두 품으며 열을 식히고 있었다. 나는 잠시 서서 숨을 고르며 이 장면을 천천히 눈에 담는다. 시간은 모두 이곳에 모여 함께 머무는 듯하다. 그 순간 나는 어떤 평화의 흐름 속으로 함께 이동하는 것 같았다.

물 냄새가 코끝에 닿았다. 물결은 모든 것을 온전히 받아들여 빛의 일부처럼 반짝였다. 출렁이는 물의 면에 빛은 해체되었다가, 이내 다시 하나로 모여들었다. 그것을 바라보던 마음도 용해되었다가, 다시 결집한다. 수변을 따라 버드나무가 물결을 흉내 내며 한들거렸고, 수면에 어린 금빛 무늬 위로 이르게 떨어진 버드나무의 잎들이 오리처럼 떠다녔다. 물은 서서히 시간을 밀어내며 흔들렸다. 잠시 뒤, 바람이 갈대를 스치자, 주변이 돌연 환하게 번쩍였다.
몇몇 사람들은 어느새 고개를 들고 붉은 가슴을 열었다. 타오르는 하늘 아래, 나무는 양팔을 벌리고 서 있었고, 나뭇잎은 순간 형광빛을 띠었다. 눈가에 닿은 빛의 날에 눈을 비볐다. 모두가 일제히 타오르는 풍경. 모든 것은 이 시간이 가장 뜨겁다. 모든 것이 모든 힘으로 자신을 태우며 역동한다. 새들도 해가 질 녘 시끄럽게 울며 발광한다.

어스름과 서서히 섞이는 이 시간이 실은 가장 황홀하다. 슬픔과 환희가 뒤섞일 때 가장 깊어지는 것처럼, 이 순간의 아름다움을 완성하기 위해 모든 것이 동원된다. 그 순간, 나는 '찬란하다'는 말이 떠올랐다. 사라지는 것은 모두 아름답다.
나는 이 장면을 눈이 멀도록 감상한다.
곧이어 핏빛 노을은 물 위에 남김없이 쏟아졌고, 마지막 빛 한 줄기가 물속으로 뛰어들 듯 작렬했다. 태양은 긴 꼬리와 함께 그렇게 퇴장했다.

구름이 이동하며 지상에 그림자를 드리우자, 주변은 서둘러 짙어졌다. 풀벌레는 이곳 가까운 어딘가에 숨어 울음을 이어갔다. 이제 더 이상 아무도 고개를 들어 바라보지 않을 어둠이 내릴 것이다. 마치 약속처럼 모두는 제자리로 서둘러 복귀한다. 자신의 둥지로 돌아가야 한다는 건 아무도 가르쳐주지 않지만, 우리는 저도 모르게 그 무엇에 순응하고 있었다. 모두는 발길을 돌렸다. 멀어지는 사람들은 빛의 그림자처럼 일렁였다. 쇠오리 떼는 하늘에 긴 선을 그리며 합창하고,

한 마리의 이탈도 없이 저편으로 날아갔다. 떠나가고 남은 빛의 여운은 마치 작별의 인사를 길게 건네는 듯 나를 감싸며 서서히 저편으로 넘어가고 있었다.

※

세상의 견고한 윤곽이 서서히 어둠 속에 잠기고, 소음이 잦아드는 동안에도 나는 여전히 하루의 외곽을 배회한다.
그렇게 모든 걸 보내주고 나서야 너무 많은 시간이 지났음을 상기한다. 노곤해진 몸은 자꾸만 귀가를 재촉하지만 아쉬움이 남은 발걸음은 쉽사리 회향하지 못한 채 머뭇거린다. 몇 가지 존재의 의문 앞에서 서성이다가 발길을 돌리려 할 때, 그 순간 불현듯 깨닫는다. 내가 가야 할 곳이 없다는 사실을 말이다. 모든 순간을 애도하고 나서 다시금 귀가해야 함을 결정할 때, 나는 비로소 알게 된다. 삶에는 결코 돌아갈 집이 없음을. 그것은 시간의 속성이다. 돌아갈 수 있는 공간이 있을지라도, 돌아갈 수 있는 시간은 존재하지 않는다. 저물어 가는 하루의 끝자락에 앉아 떠나가는 것을 바라보고 있을 때, 모두가 어두움을 끌고 너머로 사라질 때, 그때 나는 알게 될 것이다. 하루가 떠나가는 것이 아니라 나의 떠나감을.
나는 나를 완전히 통과한 뒤 모든 것과 함께 무한히 저편으로 향한다. 슬픔도 기약도 없이, 어쩌면, 그것까지 산책인 것이다.

봐, 나무들이 자기 몸을 빛의 기둥으로 바꾸고 있어,
계피처럼 짙은 향기를 뿜으며 무언가가 충만해진 듯해.
부들풀의 긴 줄기들은 터져나와 떠다니고,
연못의 푸른 어깨 위로 흩어져 가고 있어.
그리고 그 모든 연못들은, 이름이 무엇이든 간에,
이제는 이름조차 잃어버렸어.

매해 내가 살아오며 배운 모든 건 다시 이곳으로 돌아와.
불길, 그리고 상실의 검은 강,
그 반대편 어딘가에 구원이 있다고 말하지만,
그 의미를 우리는 누구도 끝내 알 수 없어.

이 세상에서 살려면 세 가지를 할 줄 알아야 해.
죽을 수밖에 없는 것을 사랑하고,
그것을 네 뼈에 꼭 끌어안아,
네 삶이 그걸 의지하고 있음을 알면서.
그리고 때가 되면 놓아주는 것, 놓아주는 거야.

〈블랙워터 숲에서〉 중에서_메리 올리버

사라지며 더욱 아름답게 -
낮이 어둠에 잠기듯 -

태양의 얼굴은 반쯤 -
멈칫멈칫- 떠나지 않으며- 소멸하며-

다시 빛을 모으네, 죽어가는 친구처럼-
찬란한 변신에 괴로운 채-
오직 더욱 어두워지게 하면서
소멸하는- 뚜렷한- 얼굴로-

〈밤을 채우는 감각들〉_에밀리 디킨슨

달, 밤, 산책

한낮의 열기와 위엄은 세상을 통솔하는 단일한 힘으로, 보다 적극적으로 현시한다. 그러나 밤의 어둠은 모든 것을 적요와 고요의 이름으로 보드랍게 덮어 식힌다. 태양 빛과 달리, 밤의 어둠은 세상의 깊은 구석구석까지 스며든다. 한낮은 도전과 모험, 이성과 열정, 희망과 용기의 상징으로 다가오고, 밤은 그 뒤를 밟으며 수동적으로 온다. 밤은 차분함과 감성, 침묵의 속삭임으로 다가오고, 위로와 비밀의 은신처로써 곁에 머문다. 차분한 색채로 모든 걸 물들이고야 마는 밤의 시간이 되어서야 나는 의식이 더 명료해진다.

낮 동안 온기를 머금고 빛나던 것들은 서서히 그 열을 잃고, 차가운 고요 속으로 녹아든다. 나는 다시금 숲길을 가로질러 마치 어둠 속으로 나를 내맡기듯 걸어 들어갔다. 활기로 타올랐던 숲은 밤이 되어서야 비로소 쓸쓸한 본연의 윤곽을 드러낸다. 자작나무들은 흰 뼈를 선명히 꺼내 보여준다. 어둠 속에서는 어떤 허식도 남지 않는다. 숲은 어느덧 화려함에서 초라함으로 바뀌어 있었고, 모든 것은 마침내 본 모습 그대로 현현했다. 한낮의 숲에서는 나무 냄새가 났지만, 한밤의 숲에는 흙 내음과 뒤섞인 돌 냄새로 가득했다. 인적이 끊기자, 이윽고 숲의 경계가 허물어지고, 사방은 풀벌레 울음소리 외에는 들리지 않는다. 나는 시력보다는 청력에 의존하며, 한층 기민한 감각을 동원해 걸음을 옮겼다. 소리를 방해하지 않으며 소리를 쫓아 사냥했던 오랜 인류처럼. 풀벌레의 노래는 각기 다른 리듬과 음역으로 얽히며 숲을 채웠다. 어둠 속에서도 선명한 존재의 기척에 몰입하며 걷다 보면, 습습한 밤공기와 원시적 음향, 발의 촉감만이 이곳에 가득 감싼다. 밤의 정적은 나의 감각을 더 투명하게 하고, 이 모든 것은 나를 밤의 일부로 물들이고 있었다.

얼마나 걸었을까. 조금만 더 내디디면 마을이 보이는 내리막길이었다. 어둠이 완전히 우리를 장악하던 찰나, 발끝과 옷자락이 점차 환해졌다. 검은 숲 위에서 무언가 이편을 내려다보고 있었다. 달의 얼굴이 검은 망토를 서서히 벗으며 깨어나고 있었다. 그렇게 달빛은 우리를 따라 가까스로 도착했고, 나는 달빛을 벗 삼아 내려올 수 있었다.

떠오른 달빛은 잠들지 못한 세상의 고독한 여행자들의 언어어 같다. 태양처럼 세상을 데울 수는 없지만, 그것은 선명히 바라보는 한 사람의 마음에 온기를 내어줄 만큼은 뜨겁다. 마을을 잇는 육교에 다다라서야 나는 그 앞에 서서 한참을 올려다본다. 마치 이 환함을 마주하기 위해, 나는 세상의 끝, 사각지대에 도착한 것 같다. 달은 나의 귀가를 무사히 안내하고서, 인사하듯 먼 하늘 위로 다시금 올랐다.

인적 끊긴 마을의 공원에 바람 소리가 또렷이 들린다. 나는 이제서야 비로소 세상에 혼자 덩그러니 놓여 있는 기분이 든다. 나는 이 홀로 된 해방감을 좋아한다. 달은 오늘도 마을 위에 완전히 솟구쳤고, 누군가를 깨워 자신 앞에 불러 세우기에는 충분했다. 밤새 달빛을 들이받으며 더 단단해지는 나무와 꽃들처럼, 홀로 서 있는 한 사람의 마음 같은 것이 어둠 속에서도 굳건했다.

달밤을 마주하는 시간이 좋다. 설명할 수 없는 유일함은 나를 위안한다. 오랜 어둠을 걸어와 비로소 환한 기분이 든다. 이렇게 하나의 장면을 완성하기 위해, 내가 필요하다. 이 순간, 아름다운 장면을 마주하기 위해서는 걸어왔던 모든 시간이 필요하다. 정확히 이곳에 서기 위해서, 모든 감정을 통과해야 했다. 가슴에 손을 올려놓고 안도하기 위해서도, 더 많은 눈물이 필요했다. 그렇게 나는 검은 하늘 속에 명명하게 떠 있는 달빛을 오래 바라본다.

저편에, 가만히 서서 고개 들어 보는 이가 있었다. 어둠에 잘 보이지는 않았지만, 분명 달빛을 감상하는 사람이었다. 끝내 달빛을 마주한 자를 나는 좋아한다. 그렇게 거닐다 하늘을 올려다보고 있는 이를 발견할 때, 당신도 끝내 이르렀구나. 하는 마음. 그 곁에는 서로의 이름과 나이, 직업 따위는 소용없는 연정이 있다. 모든 것을 뛰어넘는 인간애와 갸륵함이 있다. 그렇게 이 시간 하늘을 바라보기까지. 실은 한 사람은 오랜 외로움과 암흑의 길을 걸어와 생존했기에, 저기 한 사람은 비로소 한 사람으로 서 있는 법을 터득하고 말았기에.
그렇게 모르는 이와의 알 수 없는 동질감 속에서 한동안 서성였다.

아쉬움이 많은 발길은 매일 순간을 연장하려 애쓰고, 나는 인간이 사라진 자리, 여전히 남아 있는, 찍히지도 않는 발자국을 들여다보며 서성인다. 서서히 눈을 감듯 밤이 내리면 세상의 반경이 좁아지고, 멀리 나갔던 나는 조금 더 환해진 얼굴로 귀가한다.
집에 돌아와 몇 개의 장면을 기록해 둔다. 눈을 감으면 여전히 고요히 부서지는 노을과, 영원히 흐르는 물결과, 동행하며 천천히 발맞추던 달빛이 보인다.

여기서 나는 들킨 적 없는 눈빛을 장착하고, 아무도 없는 풍경을 둘러본다. 바람과 눈물과 풀잎의 향기가 내 몸에 선연히 배어들 때까지, 감각을 부릅뜬다. 보름달이 서서히 떠오르면 나는 달빛을 동공에 욱여넣는다. 바람, 광풍, 발광, 광휘 이런 보이지 않는 것들을 한곳으로 모아 일제히 켜지도록 한다. 눈빛, 그것으로 자신을 밝힌다.

결국 이르고 만 모든 것들의 뒷면에는 내가 있다. 뜨거운 호흡소리와 저 스스로를 식히는 짐승의 오랜 밤이 있다, 흘리지 못한 말들이 익어가는 새벽이, 내 숨소리에도 흠칫 놀라는 몸이, 눈물이 되지 못한 마음이 있다.

〈리타의 일기〉 중에서

모든 계절이 유서였다

모든 계절이 유서였다

하나의 계절이 어느새 배턴 터치를 하며 또 다른 계절로 넘어가고 있었다. 나무는 광량이 충분한 잎부터 서서히 익어간다. 저편에 붉은 나무 바람이 보인다. 단풍(丹楓)은 그 이름대로 산마루 꼭대기에서부터 붉게 물들며 몰려왔다. 이제 막 도착한 계절은 이곳에 다다라 스스로 저를 식히고, 노을은 현존하는 모든 것을 남김없이 하나의 색채로 채색하고 있었다.

가을이 지나가는 자리마다 나무의 잎은 순차적으로, 한둘 낙하한다. 마지막을 예견하는 것들, 떨어지기 위해 한 줌의 바람을 기다리는 것들.

잎의 갈퀴는 바람을 잘 타기 위한 모양을 닮았고, 그건 마치 마지막 가을의 옷깃을 닮았고, 새의 깃털을 닮았다. 그렇게 잎새는 가뿐히 날아가기 좋은 자세를 취하며 바람을 타고 나선형으로 돌더니 내 시야 밖으로 사라졌다. 마치 이 순간을 위해 평생 매달려 기다린 것처럼. 그리고 해탈.

잎들은 저마다의 자리를 지키다 떨어지며 비로소 완전한 자유를 획득한다. 너무 많은 잎을 살피느라 집에 갈 수가 없어서, 나는 마지막 잎 한 장까지 다 질 때까지, 그 앞에 매일 오래 서성였다. 그건 계절을 실감하는 방식이며, 어쩌면 두 번 다시 오지 않을 나의 떠나감을 기리는 방식이기도 하다. 잎들은 계속 나부끼고 낙하하며 우리가 서 있는 언덕을 이불처럼 덮었고, 황금빛으로 물든 언덕을 밟다가, 이내 걸음을 멈춘 채 나는 생각에 잠기고 만다.

우리는 아무도 한 장의 잎이 만들어낸 섬세하고 아름다운 무늬에 감동하지 않는다는 사실. 풍경을 바라보며 아름다운 가을이었음을 감각한 것 외에는 아무도 한 장 한 장의 잎을 사려 깊게 기억하지 않는다는 사실. 쌓인 잎들을 헤치고, 주워 든 이 한 장의 잎은 마치 내 삶과도 같고, 인생의 무게와 같아서 식어가는 잎에서 나는 문득 존재를 마주한다. 나는 무수히 쌓인 낙엽 중 하나일 뿐이라는 사실. 이 많고 많은 것 사이, 잠시 일부로 머물고 있다는 사실. 어쩌면 삶은 잠시 살아감이라는 사실.

그렇게 나는 이곳에서 아무에게도 들키지 않은 채, 아무에게도 들키지 않는 생각에 머물러 있었다.

두 개의 눈

언제부터였는지 모르겠지만, 나는 삶을 떠올리면서 동시에 죽음을 떠올리게 되었다. 삶은 늘 두 가지 양면성을 늘 동시에 지녔고, 우리는 그 양극의 추를 맞추며 하루하루 살아간다. 눈이 두 개인 이유는 하나의 눈으로 소생을 보고, 다른 하나의 눈으로는 죽음을, 한쪽으로는 현실을 보고, 다른 한쪽으로는 이상을 바라보기 위함일 것이다. 하나의 눈으로 실제를 목도하고, 다른 한쪽 눈으로는 환영을 분별하기 위함일 것이다. 슬픔과 기쁨, 좌절과 희망, 낮과 밤처럼, 모든 대립은 하나로 이어져 있으며 분리할 수 없기에, 나는 이 양극을 고립된 시선이 아닌, 깊은 연관 속에서 서로를 보완하는 존재로서 바라본다. 반대의 면모들은 서로 끌어당기면서 동시에 밀어내는 방식으로 존재하며, 이 균형 속에서 삶은 조화를 이루어낸다.

그리고 바라보는 이면에 놓치는 시선까지도 포용할 수 있어야 한다. 무언가를 바라보는 순간, 그 바라봄의 뒤편에는 감춰진 세계가 있고, 나타나는 상태를 제외한 모든 것은 나타나지 않는 상태로 남는다. '비어 있음'은 단순히 공허한 것이 아니라, 모든 것이 그 안에 잠재되어 있음을 품고 있다. 그것이 삶이기에 우리는 보이는 것과 보이지 않는 것을 동시에 보기 위해서 반드시 두 개의 눈이 필요하다. 내면과 외면을 동시에 보고, 그렇게 두 시선이 겹치는 지점에서 삶의 대조되는 양면을 살아내기 위해서는 의식의 두 눈이 필요하다. 그렇게 나는 다양한 눈으로 삶과 죽음, 현실과 이상, 드러남과 사라짐의 경계를 오가며 미간 사이에 의식의 빛을 밝혀 시선의 완전한 중립을 지키려 하는지도 모르겠다.

그렇게 언제부터인가 나는 내 안에서, 이제 막 눈을 뜬 아이와 눈 감기 직전의 노인을 함께 돌본다. 아이가 세상을 향해 첫 말을 내뱉으면 노인은 조용히 그를 막아선다. 바라볼 것이 너무 많은 아이와, 모든 것을 통과하여 눈빛만 남은 노인의, 그 중간쯤에서 나는 살아간다. 그러다 보면 새로움은 언제나 간절하고, 저물어가는 것은 가장 맑다. 삶과 죽음은 서로 대립하지 않으며, 오히려 서로를 비추고 있기에, 이 순간 내가 해야 할 일은 이제 막 태어난 아이처럼 모든 것을 새롭게 시작하면서도 동시에 마지막인 것처럼 살아가는 것이다. 나는 이 모든 양면을 나란히 어깨에 짊어진 채, 어둠과 빛이 혼조된 어스름 사이로, 삶이라는 언덕을 오른다.

죽어가는 나와 살아가는 나 사이, 그 둘이 가장 가까워지는 시간이 찾아올 때면, 양쪽 그 사이에 몸을 맞추고 있는 자세 속에서, 서서히 삶과 죽음의 보폭을 좁혀오는 그 긴장된 의식 속에서, 나는 놀라는 눈빛이 되고, 흔들리다 깊어지는 눈빛이 된다. 우는 얼굴과 웃는 얼굴이 다르지 않음을 깨달을 때, 삶은 비로소 번뜩인다. 그렇게 매일 눈앞에는 슬프게도 아름다운 장면이, 정반대의 풍경이 하나의 이름으로 불리고, 나는 그것을 삶이라 받아 적는다.

계수나무

숲에는 왕벚나무 군락지가 있고, 그곳에는 작은 계수나무 한 그루가 홀로 서 있다. 봄이면 벚꽃이 흐드러져 어지럽지만, 가을이 오면 숲의 화려함은 잦아들고 적적한 계수나무가 나를 부른다. 나는 그 향기에 취하러 와 반나절 놀다 간다. 일찍 떨어진 동그란 잎들은 나무 아래 둥근 자리를 만들며 은은한 향기로 나를 감싼다. 이곳은 아무런 표식도 없는 나만의 은밀한 장소다.

나무 아래 벤치에 기대어 책을 읽다가도, 괜스레 발아래 쌓인 잎을 주워 들고, 강아지처럼 자꾸만 킁킁댄다. 책을 덮고 코끝에 맴도는 달달한 솜사탕 향기에 취해, 자꾸만 눈을 감게 된다. 그러다 문득 이것을 적고 싶어 일 년을 기다렸다는 사실을 상기하고, 서둘러 노트를 펼친다. 나는 그 향기를 남기기 위해 펜을 쥐었고, 왼손으로는 여전히 코끝에 대고 있던 잎의 향을, 문장으로 담아내고자 몰입한다. 그러나 본연의 향, 그 자체가 어떤 문장들보다도 더 살아있어서, 나는 감히 이 생명에게 단어를 줄 엄두조차 내지 못한다.

결국 문장으로 스미지 못한 향기는 책 사이에 책갈피로 남겨졌다. 아무리 생각해도 살아 있는 물성은 그 존재 자체로 한 권의 책보다 더 귀하다. 그것을 읽는 것이 더 중요해 보인다. 나는 무엇을 쓰려다 말고, 내면에 계수나무 향기를 옮겨놓기 위해 자주 망설이고, 머뭇거렸다.

그렇게 가을이 가는 동안, 찬 바람이 나무를 거세게 흔들었고, 가지 끝에 남아 있던 잎들이 우수수 떨어졌다. 가을이 잎으로 발자국을 찍으면 나는 서둘러 가는 발소리가 자꾸만 들린다. 어느덧 바람은 모든 나무를 흔들어 깊은 잠으로 밀어 넣고, 인간인 나는 쏟아지는 가을 향기를 모두 들이쉰다. 기억하는 그 힘으로 살아내기 위해서 말이다.

기다림은 나를 더 깊어지게 한다. 꼬박 일 년을 기다려야 할 것이다. 다시 이 벤치에 앉아 노트를 펼쳐보려면, 못다 한 계수나무 향기를 받아 적으려면.

요즘은 볕이 좋아 산책을 오래 한다.
산책을 하다가 벤치에 앉아 수첩을 열어 놓으면,
햇살이 산란하며 백지 위에 한가득 무언가를 쏟아 놓는다.
분명 내가 쓴 것이 아니다.
낙엽은 내 손바닥 위에 자신의 손금을 모두 옮겨놓고
긴긴 잠이 들었다.
바람도 꼭 꼬리를 남기고 떠나간다.
새들이 눈짓을 따라 날아가면,
백지 위로도 무언가가 후드득 떨어졌다.

눈을 감았다 뜨면,
햇볕이 여전히 뺨 위로 흘러내리고,
또 눈을 감았다 뜨면,
저 멀리 가버린 기억의 한 장면이
표정 없는 뒷모습으로 서 있고,

또 눈을 감았다 뜨면,
아직 오지 않은 계절들이 수첩의 다음 장을 넘겨
자꾸만 자신들의 예고편을 들려주는 것이다.
그럴 때면 옷깃을 세운 외투의 단추를 만지며
이 속에 계절의 방은 몇 개나 될까, 생각했다.

그러니까 이 책장의 끝은 어디일까,
마지막 장엔 어떤 풍경이 놓여있을까,
나는 그런 것이 궁금하다.
바쁘게 지나가는 가을처럼,
내 마음도 부지런히 그것을 독해하는 것이다.

매 순간이 마지막인 것처럼, 모든 계절을 다 앓고 나면,
훗날 나는 스스로 잘 살았다, 말할 수 있을까,
다만, 후회 없는 꽃을, 나무를 닮고 싶은데.
당신에게 같이 늙어가자고, 말하고 싶다.

〈모든 계절이 유서였다〉 중에서

계절과 계절 사이, 종과 종 사이, 생과 사 사이, 심장과 영혼의 사이, 자연과 관념의 사이, 사유와 자아의 사이, 어쩌면 당신과 나 사이, 말이 되지 못한 채 섞이며 시들어가는 침묵 사이. 모든 것은 실은 그 사이에 충만했고 그 자체로 신실했다.

어딘가에 속하지 않으며 세계를 관조하는 태도는 내게 삶의 유한성을 거의 매 순간 상기시켜 주곤 한다. 아이러니하게도 이 간격에서야말로 삶을 사랑하는 마음이 간절해지는 것이다.

여전히 나는 여기서 세계의 편차와 시차를 견딘다. 시선과 마음 사이, 심장과 떨림 사이, 고요와 소란 사이, 묵언과 언어 사이, 그곳에 나를 몰아세우고 등을 떠민다. 그리고 추궁한다. 거기서 무엇을 보았으며 무엇을 들었는가. 그렇다면 이제 그것을 어떻게 할 것인가.

쓸 수 없는 문장들

언어가 닿지 않는 지점이 있다. 가령 슬픔, 고통, 포옹,
환희 속에서, 말이 도무지 적용되지 않는 말을 상상한다.
이따금 참는 울음이 더 슬픈 것처럼,
묵음에 가까운 글은 아름답다.

모든 것들의 사이

눈가에 다다라 풍경은 절정에 이르고, 미간에 스민 태양이 심장에 도달하는 시차를 견뎠다. 바람이 불자 잎새는 나부껴 떨어졌고, 나는 그것의 일부처럼 두 팔을 벌렸다. 점차 붉게 익어가는 마음을 느끼며, 나는 그렇게 여름에서 가을로, 가을에서 겨울로 넘어가며 한참을 서성였다. 한 장의 잎새가 내려앉는 사이, 시간은 정말로 조심스럽게 흘러갔다.

서서히 내리는 어스름과 밤 사이, 약간의 미열과 한기를 동시에 느꼈다. 명명할 수 없는 장면은 계속해서 변하며 세상에 없는 이름들을 만들어내고, 바라보는 마음과 쓰고자 하는 마음 사이, 강경한 마음은 어느새 또 다른 무언가와 오묘하게 뒤섞이고 있었다. 슬픔과 기쁨, 절망과 희망, 고독과 환희 사이, 노트에는 적을 수 없는 것이 더 많았고, 나는 분리하거나 정의할 수 없는 것들을 거닐며, 그 속에서 가장 아름다운 언어를 찾고자 했다. 그러나 그 어떤 마땅한 단어도 획득하지 못했다.

이를테면, 푸른 잎이 붉게 물들어가는 장면을 설명할 단어는 세상에 없다. 잎이 낙하하는 시차와 먹먹함의 상관관계에 대해서도, 노을과 어스름 그 사이도.
풍경과 나 사이, 종과 종 사이, 생과 사 사이, 말이 되지 못한 채 시들어가는 침묵 사이. 모든 것은 실은 그 사이에 충만했고, 그 자체로 신실했다.

그러니까, 무언가 찾아야 했다. 내일을 모르는 나뭇잎의 뒷면에서도, 사이프러스 나무의 꼭대기, 새들이 떠난 둥지 속에서도, 혼자 남은 지빠귀의 울음 속에도, 깃털 같은 어둠 사이에도, 물의 오선지 위에서 리듬을 타는 달빛에도. 아무것도 쓸 수 없으나 문장은 분명 거기 있었다. 깊은 단잠에 빠진 꽃과 꽃들 사이, 새벽 3시와 4시, 인간의 꿈과 숨죽임 속에서도, 가을과 겨울 사이, 나와 당신의 어둠 사이, 뒤척이는 몸짓에서도, 소속되지 못한 모든 것 사이, 그러니까 무언가 골몰하느라 자전하는 한 인간의 검은 동공 속에서도, 들키지 않는 이의 뒷모습과 발자국 속에서도, 미지로 향하는 모든 우주의 호흡 속에도.

가득한 침묵은 언제나 세상에 드러나지 않고, 내가 써야 할 것은 거기에만 고스란히 있어서, 나는 그 무한한 틈을 오가며, 언어를 처음부터 다시 익혀야 했다.

이 아름다운 장면을 나만의 노트에 모두 옮기고 싶어 고심한다. 모두 옮겨 적고 싶다. 이를테면 오래된 등나무 위에 혼자 도착한 딱새의, 시작되자마자 끝나버린 노랫소리라거나, 마지막 태양을 마시는 낙엽도, 밤새 더 물든 은행잎의 색채에 대해서도, 들키지 않을 만큼 이동하는 별들의 운행도, 어둠의 한가운데 서서히 말라가는 꽃의 감각도, 그걸 지켜보는 인간의 초조함도, 분명히 존재했으나 한 번도 들킨 적 없는 모든 것들에 대해서도.

채집할 수 없는 계절감을 만끽하기 위해서는 모든 시간이 필요하다. 모든 것이 온몸을 통과해 각인되고, 그 감각을 기억하기 위해서도. 잠시 방심하면 잎들은 더 익어버리고, 순간은 망각하는 마음의 뒷면에 쌓인다. 시간은 눈앞의 풍경을 완강히 멈춰 세우는 눈속임을 쓰며, 그것을 실재처럼 펼쳐 보이며, 인간을 현혹한다. 그러나 그 사이사이 잘 들여다보면 전혀 다른 것이 보인다.

모든 것은 그 사이에 있어서, 내가 잠든 동안 떨어진 잎들이 달빛을 받는 장면을 상상하면 무척 애틋하다. 나 없이 저 홀로 바쁜 것들이, 쓰지 못한 모든 문장이, 내가 놓친 무수한 삶이, 살아본 적 없는 모든 것이 너무나 그립다.
나는 매 순간 그것에 의해 촉진되며 삶의 변속과 유수를 좇아 거닌다. 그 모든 사이를 걸으며, 함께 흘러가는 기분 속에 머무는 것. 거기서 나는 여전히 살아 있음을, 생동감을, 존재의 경이로움을 느낀다. 삶은 분명 의미 속에 있는 것이 아닌 바로 이 감각과 변화 그 자체에 있으니 말이다.

신의 언어를 염탐하듯, 암묵적 금기를 깨뜨리며 말을 부숨으로써 쏟아지는 떨림과, 낮은 어둠 속에 놓여 있는, 언어 이전의 말을 나는 탐한다.

나는 책을 좋아한다. 책의 세계가 좋다. 어느 책에서나 형성되어 떠오르며 퍼지는 구름 속에 있는 게 좋다. 책의 가벼운 무게와 부피가 손바닥에 느껴지면 흥분된다. 책의 침묵 속에서, 시선 아래 펼쳐지는 긴 문장 속에서 늙어가는 게 좋다. 책이란 세상에서 동떨어졌으나 세상에 면한, 그럼에도 전혀 개입할 수 없는 놀라운 기슭이다. 오직 책을 읽는 사람에게만 들리는 고독한 노래다.

〈세 글자로 불리는 사람〉_파스칼 키냐르

책장을 열면 누군가의 내부에 들어가 비밀을 탐색하는 기분이 들곤 한다. 어떤 문장은 첫 페이지를 펼치기도 전에 사방에 높은 벽을 세우고, 마음의 출입을 막기도 하지만, 어떤 문장은 스스로 벽을 부순 채 독자가 거닐 자리를 내어준다. 어떤 문장은 너무 황홀해서, 어느덧 나는 무릎을 꿇고 경청하게 되는데, 종종 아무도 모르게 그 속에 들어가 오래오래 살고 싶어진다.

좋아하는 문장

누군가의 문장을 읽을 때, 나는 글 속의 숨겨진 세계로 천천히 빠져들곤 한다. 어떤 책은 한 단어, 한 문장, 마치 포문을 여는 것처럼 마음을 열어준다. 그렇게 무언가에 이끌려 자주 예기치 못한 장소로 떠나게 되는데, 종종 나는 문장을 따라 뜨거운 강을 건너거나, 끝없는 검은 들판을 맨발로 걸어가는 기분이 들 때도 있다. 때로는 자욱한 연기 속에서 눈을 비비며 헤매기도 하고, 어렴풋이 사색하는 자와 눈이 마주치면 간격을 유지하며 눈빛을 교환하거나, 서로를 모른 척 스쳐 지나가기도 한다.

내가 좋아하는 문장은 새벽안개 위를 걷는 기분을 불러일으키는 문장이다. 이슬에 젖은 아침 숲속을 맨발로 산책하는, 그 곁에 누군가와 함께 걷는 문장. 찬찬히 걸으며 한 줄기 빛을 발견하고서, 마침내 마음이 일순간 밝아지는 문장.

키냐르의 한 구절을 떠올린다. "빛을 보았다."

언젠가 내가 책 속에서 길을 잃었을 때, 길을 열어주는 문장이 있다. 나는 그 순간 나도 모르게 전율하곤 한다. 확장되는 하나의 세계를 천천히 홀로 산책하는 기쁨, 그 황홀감!

그건 마치 침묵 속에 울려 퍼지는 내면의 목소리와 같아서 마치 내가 말하듯, 내가 들으면서 그 여운을 따라가 보는 것이다. 영혼의 안개를 뚫고 나온 빛줄기처럼, 그렇게 길을 열어가는 글은 늘 신비롭다. 좋은 글은 활자가 아니라, 여백을 보여주고, 점차 공간을 넓히며 그 안으로 끝없이 나를 인도한다. 나는 그곳에서 오래 거닐다 잠시 나를 잊는다.

거의 없는 문장

나는 글보다도, 언어를 침묵으로 덮어버리는 마음 같은 것에 관심이 많다. 말이 지나간 뒤 남은 텅 빈 자리를 지켜보는 시선에도, 문장이 쓸고 간 자리에 남은 잔향을 홀로 감상하는 시간이라거나, 독자와 문장이 서로를 끌어안는 순간의 온기에 관심이 많다. 간혹 책장을 넘기다가 묵상하는 글을 마주할 때가 있다. 그것에 가까운 글을 읽으면 나는 격렬하게 소용돌이치며 반응하게 된다. 침묵은 블랙홀과도 같아서, 어떤 글은 문장 사이에 간격을 만들며 한 사람을 심연 한 가운데에 깊이 빠뜨린다. 빠뜨리고 나서야 슬며시 손을 내민다. 그렇게 독자에게 자신의 자리를 내어준다.

그 문법은 뭘까, 휘몰아치듯 끌어들이다가 완전히 스며들게 하는 문법은, 그리고 가까스로 거기서 벗어난 한 사람을 이전과는 다른 눈으로 세상을 바라보게 하는 힘은. 너무 오래 골몰해서 한 사람의 눈빛을 깊은 호수처럼 만드는 힘은. 어떤 문장은 겨우 한 줄을 읽은 데도 하루가 걸리고, 어떤 문장은 숨이 차오른다. 한 사람이 걱정과 불안을 거쳐 다시금 고요해지기까지, 그 자리에서 함께 인내하며 밤을 새우게 한다. 그러나 그 문법에 대해 나는 알지 못한다. 다만, 나는 간절히 그런 글을 쓰고 싶다. 지나가는 한 사람을 멈춰 세우고, 주저앉게 하는 문장, 그러나 거기서 누구보다도 더 강하게 일으키는 힘을 가진 글. 들키지 않는 곳에서, 사라지지도, 죽지도 않는. 나는 세상에 거의 없는 문장을 찾는다.

그러한 문장은 나를 매혹에 빠뜨리고, 눈앞에 펼쳐진 세계를 온몸으로 맞이하게 한다. 그러나 그 길을 끝내 글로 열어가는 일은 언제나 쉽지 않다.

쓰고자 하는 것은 분명히 있는데, 그것을 표현할 방도를 찾지 못한 채 거의 모든 순간 고심한다. 다만 진정한 그 무엇을 열고자 하는 시도는 계속된다. 나는 무언가 옮겨 적으려 펜을 들고, 너의 감각을 전하고자 계속 자연에 기대어 속삭인다. 그러나 누군가를 그 깊고 내밀한 감각의 일부에 도달하게 하기란 쉽지 않다. 그것은 문자가 아닌 감각의 영역이기 때문이다. 나는 무수한 말을 쓰고 지운다. 설파하고자 하는 욕망은 계속해서 실패한다. 그리하여 이 감각은 온전히 나만의 것으로 남아있다.

나는 무엇으로 쓸 수 있는가, 무엇으로 세계를 열 수 있는가. 무엇을 쓰기 이전에 스스로 근원을 향한 질문을 계속한다. 존재는 어떤 목소리를 지녔는가, 나는 무엇으로 발설하는가. 내가 나를 이끌지 못한다면 그 누구도 마음속으로 불러들일 수 없을 것이니.

삶을 일으키는 힘은 거기에 있다.
또 다른 눈, 또 다른 호흡, 또 다른 심연.

지속적 글쓰기는 무언가 지속하는 것이 아니라 지속하는 힘이 어디에 있는지 계속 확인하는 일이다. 무엇을 어떻게 쓰는지보다는 내 안에 그 무엇이 쓰게 하는지 망각하지 않는 것이다.

힘 빼고 쓰기. 자아를 빼고 힘을 뺌으로써 힘을 보여주기. 자아를 지운 채 독립적 의식으로써 쓰기. 아무것도 쓰지 않기. 아무것도 쓰지 않음을 씀으로써 그 무엇을 드러내기. 눈물도 기쁨도 없이 없는 것을 쓰기. 아무것도 없어서 없음만이 선명해지도록 침묵하기. 슬픔이 저 홀로 슬퍼하도록 내버려 두기. 그리하여 죽은 듯 고요하기. 고요가 시끄럽게 울릴 때까지 고요하기. 그것을 쓰기. 기왕이면 쓰는 것을 완전히 실패하도록 쓰기. 힘 빼기. 사람이 아닐 때까지 힘 빼기. 그리하여 영혼이 서서히 드러날 때까지.

대단한 무엇을 쓰려는 마음은 애초에 나의 것이 아니었다. 힘 빼자. 힘을 빼고 지껄이자. 본연의 언어를 떠오르게 하자. 살아있는 것만 건지자.

⟨리타의 일기⟩ 중에서

*침묵하는 문장

말하고 남은 것을 침묵이라 한다. 침묵은 말하지 않음의 상태이며 말하지 않음으로써 가득 채워진 현존성이다.

침묵은 물리적 밤보다 더 깊다. 침묵은 그 자체만으로 거대한 물성 같다. 마치 옆에 세워두고 이름을 불러보고 싶은 어떤 강한 존재감이다.

그것은 여전히 내 안에 있으며 어쩌면 그것을 나라고 불러도 무관할 것이다. 나는 발설하지 못한 모든 것을 지닌 침묵 그 자체의 순수한 물성이 되었기에.
나는 이제 침묵만이 기거하는 몸이며 방랑하는 말들의 고향이 되었기에. 알려지고 남은 모든 것들의 무덤이기에.

침묵은 떠돌고 남은 말들을 내가 묻어주는 방식. 또한 가장 빠르고, 강하고, 가깝게 심장에 도달하는 말의 방식이다.

*〈쓸 수 없는 문장들〉 중에서

문장을 어떻게 울리는가, 글을 쓴다는 건 무언가 써야 할 울림을 내부에서 찾는 행위에 가깝다. 내면에 떠도는 소리를 추적한다. 허공을 가르는 새들의 귀소본능처럼. 문장은 역류의 방향으로 나아간다.

그런 방식으로 나는 몸 안으로 떠도는 소리의 고향을 찾고 있다. 입 밖으로 뱉어낸 언어의 무늬를 바라본다. 그것은 울림이 아니다. 다시금 그것을 삼키며 무언가를 유추한다. 그러니까 무성과 유성 사이, 발성이 촉발되는 첫 공간. 거기서 내가 어떻게 발음되는가. 그러기 위해 나는 얼마나 더 먼 내면을 고독하게 걸어 들어가야 하는가. 다시 천천히 내부로 향한다. 조금 더 깊은 미지로, 그런 방식으로 그냥 울림이 되어버리는 것.

울림이 울음이 되기 전까지 나는 내 안에 나를 묻어두는 것이다. 잘 익은 침묵이 성질을 달리할 때까지.
그리고 그것이 어떤 맛을 내는가 지켜보는 것이다.
침묵은 곧이어 심장 안으로 툭 떨어진다.

여기, 중심에서부터 서서히 증폭되는 것이 있다. 새벽 산정호수의 물결처럼, 뱉어내지 못한 채 머금은 침묵은 울림이 되었다. 나는 중심으로부터 저 멀리 확장되며 심원한 풍경을 만들어 간다.

이것은 마치 한 방울의 이슬이 만들어낸 떨림이자, 최초의 목소리, 최초의 원음이다.

그것은 실재 그 자체이며, 원시의 울음이고, 이전의 모국어다. 최초의 진동이 창조한 물결, 어디에도 발견된 적 없는 고유한 사건이다.

깊어진 침묵 속에서

한 단어, 한 단어 쓸 때마다 세상의 모든 적막이 내 손끝으로 모여든다. 나는 이 적요 앞에서 끊임없이 망설이며 호흡한다. 지면 위에 단어를 적을 때마다 떤다. 그것은 한 번의 숨처럼 짧지만, 또 끝없이 깊다. 그러다 나는 다시 멈춘 채, 그다음의 고요가 손끝에 모이기를 기다린다. 그렇게 나는 쓰는 날보다 숨죽이는 날이 더 많다.

어느덧 더 깊은 내면으로 향한다. 비록 문장이 실패할지라도, 나는 조금 더 깊어진 침묵 속에서 나 자신에 더 근접해지는 기분이다. 마음은 거대한 내면의 울림 속에서 나를 타전한다. 가장 깊은 안쪽에서 서서히 몸을 일으키는 것이 있다. 그게 무엇인지, 그것이 내 내부의 어디쯤 시원을 두는지, 가만히 느껴본다. 손끝에서 떨어지는지, 호흡에서 비롯되는지, 목청에서 나오는지, 아니면 복식에서 차오르는지, 그러니까 문장이 얼마나 멀리 퍼져 나가는지 가늠해 본다.

얕은 마음은 쉽게 흩어지고, 깊은 마음은 메아리가 되어 먼 곳의 영혼을 향할 것이니.

조용히 숨을 고르며 발성해 보면, 나는 그것이 더 깊은 수심에서 비롯되는 것 같다는 생각에 이른다.
수심의 완전한 고요 속에서 나는 자주 미세한 진동을 포착하고, 그 진동이 내 안에서 어떻게 퍼져나가는지 감각한다. 그 떨림은 다시금 내 안에서 회전하며, 내가 알지 못한 진실을 깨우고, 그 진실은 다시금 내 손끝을 통해 흘러나온다.

그렇게 나는 모든 적요에 집중하며, 손끝에 다시금 모든 시간을 모은다. 무엇을 쓰기보다는, 여기에서 무엇이 흘러나오는지, 쓰는 원력이 어디에 있는지. 그런 것을 추궁하는 사람의 문장은 울림이 있다. 내가 나를 듣는 것에서부터 문장은 시작된다.

내 안에서 수많은 갈래의 의식이 흐르고, 그 일부는 이렇게 지면 위에 묻어나온다. 누군가는 이 흔적만으로 한 사람 내부의 거대한 흐름을 읽을 것이다. 서로를 거슬러 올라, 하나의 큰 흐름에 섞이기까지, 서로의 깊이와 깊이가 맞닿기까지, 그리하여 한 문장 앞에서 만나 이 자리에서 함께 흐르기까지. 우리는 긴 침묵 속에 들 것이다. 한 페이지를 넘기기까지, 어쩌면 우리는 더 많은 시간, 더 깊은 적막이 필요하다.

※

글 쓸 때, 나는 단순히 내면의 목소리를 들으려는 시도에 그치지 않고, 교감과 연결을 늘 고민하며 마음 그 사이를 오간다. 나는 내 글이 어떤 세계로 인도할지 상상하며 문장을 써 내려가는 것 같다. 누군가 읽어주는, 읽어주다가 불현듯 거기 '무엇'이 있다는 것을 확인하게 되는, 그것까지 문장이기 때문이다. 그리고 그 과정에서 나는 너무나 기민해진다.

나는 무척이나 까다롭고 애달프다. 한줄기의 바람이 나를 스쳐 지나갈 때, 그것을 적고 싶을 때, 문장이 심장을 지나갔는지 계속 검열하게 된다. 그리고 이것을 당신에게 어떻게 전달할지 무수히 고민한다. 이편과 그편 사이, 한낮과 어둠 사이, 익명과 익명 사이, 마음과 마음 사이. 이 침묵이 저편의 침묵에 말을 걸듯, 써보는 것이다.

때로는 읽으며 듣는 문장이 있고, 듣다가 말을 유도하는 문장이 있다. 글은 서로가 물결 타듯 호흡하고, 공명하는 방식이어야 한다. 문장은 상호적이다. 멀리서 보면 그 율동은 아무도 모르게, 긴밀하게 연결되며 출렁인다. 밀려오고 밀려가며, 나는 여기서 던진 말이 저편에 어떤 파문을 일으키는지,

지면 위에서 늘 상상한다. 문장은 영혼과 영혼, 믿음과 믿음의 사이에 있다. 낮게 흐르는 마음은 서로를 알아보고 소리 없이 뒤엉킨 채 흐를 것이다.

멀리 닿기 위해 몸을 더 낮추고 있다.

우선, 소리가 어디서 들려오는지 귀 기울여 보는 거예요. 소리는 언제나 어떤 충격에서 들려요. 마치 심장이 내려앉는 것처럼, 거기엔 울림이 있어야 해요. 그리하여 무엇으로 쓰냐고 묻는다면 충돌이라고 말하고 싶어요. 그것은 사람과 사람이 스치며 남긴 흔적일 수도 있고, 시간을 넘어선 대화일 수도, 오묘하게 뒤섞인 마음일 수도 있고요. 떨어지며 쌓이는 풍경일 수도 있겠죠. 저는 그 속에서 가장 깊은 것을 찾아요. 쿵, 하기도 하고, 퍽, 하기도 하고, 울렁, 하기도 하는 것, 문장에 귀를 붙이고 들어보면 그것은 무엇보다 깊고, 울림이 있어요.

저는 여기 있어요. 여전히 보이지 않는 바닥에요. 여기서 무엇이 있는지 가만히 들어보고 있어요. 가장 낮은 곳에서, 나를 살아가는 것, 살게 하는 것이 무엇인지를, 단지 그걸 써요. 그게 다예요.

바람과 정적, 숨결과 호흡, 침묵과 울음.
그것을 잘 적는 사람이 되고 싶다.

비우는 일

어떤 말들은 발생하기 전부터 이미 존재한다. 그것들은 아무도 모르게 바람에 스며 있고, 물결에 실려 떠다니며, 저물어가는 빛과 함께 내려앉는다. 잡으려 하면 멀어지고, 가만히 있으면 어느 틈엔가 다시 내게로 돌아온다. 말들이 저절로 다가와 나를 통과해 흔들 때까지, 나는 언제나 기다리는 입장이다. 그러다 어느 날, 문장은 바람처럼 내 곁에 온다.

🌿

책을 쓰는 것은 생각하고 쓰는 일이라기보다, 무언가가 내게서 잘 들릴 때까지 계속 기다리는 일에 가깝다. 그러니까 나 자신이 텅 빌 때까지, 나는 나를 백지로 만들어놓는다. 한 계절 한 계절 가만히 앉아, 저절로 들려오는 세상의 이야기에 공감하며 스며드는 일에 가깝다. 그리하여 내게 문장은 적는 것이 아니라 듣는 과정의 연속이다.

종국에는 인간을 탈각하는 전위를 통해 비로소 본연의 언어에 다다를 수 있다. 말은 분명 거기에 있다. 곱씹던 말을 지우고, 먼 길을 걸을 때, 거친 호흡만이 코끝에 맴돌 때, 존재가 하얀 입김으로 남을 때, 외마디의 비명처럼 잠시 깜빡였던 그 찰나에, 나는 비로소 가벼워지는 영혼의 말을 되찾는다.
그건 살아있음의 감각이다. 끝내 맑은 영혼에 이르러 아, 라고 절로 탄식하게 될 때, 그것 말고는 어떤 말도 덧붙일 수 없을 때, 거기서부터 너무 많은 언어가 시작된다.

내게 글쓰기는 무언가를 쓰는 일이 아니라, 삶을 담는 일에 더 가깝다. 무언가 써보려는 시도 속에서 나는 분명 삶을 본다.

지면이 아닌 자연에서, 펜이 아닌 달빛에서, 고뇌가 아닌 산책에서, 명상과 호흡에서, 문장이 아닌 새소리에서, 문법보다는 영혼에서, 말이나 글보다는 이것도 글이라는 것을 믿는 순간에서.

문장은 세상과의 교감 속에서 자연스럽게 흘러나오는 무엇이기에, 나는 글을 쓸 때, 그 글이 내게 들려오는 방식에 더 많은 관심을 둔다. 그러나 그것은 내게 많은 인내를 요구한다.

세상의 이야기가 점차 나에게 들려올 때, 나는 다시금 말을 잃어버리며, 그 침묵 속에서 새 언어가 깨어나기를 기다린다.

그 기다림은 주로 실내가 아닌 바깥에서, 산책을 통해 이루어진다. 걷는 일은 비우는 일에 가깝다. 무언가 드러날 때까지 그렇게 계속 비우다 보면, 통과하는 빛과 바람을 느낀다. 바람이 불면 바람이 되고, 나무가 부르면 나무가 된다. 그 찰나에 이야기가 있다. 향기가 있고, 삶이 있고, 서사가 있고, 노래도 있다.

무언가를 채우며 쓰는 사람도 있지만,
무언가를 비우며 쓰는 사람도 있다.

쓸 수 없는 문장들

이 앞에서 얼마나 오래 서 있었는지. 나뭇잎 떨어지는 장면을 바라보다가 가슴을 쓸어내렸다. 너무 많은 감정이 동시에 나부껴 어지러웠다.
허공에 유영하는 가을을 어찌할지 몰라, 나는 오늘도 몰래 기렸다. 말없이 바라보는 것. 그것은 나의 기도이다. 내가 사는 방식이다.

자주, 아무것도 설명할 수도 없고, 말할 곳도 없다. 이 장면을 보여주고 싶은데, 그냥 오래 서서 바라볼 뿐이다.

누군가 내게 침묵이 뭐냐고 물었다. 나는 설명할 언어가 없는 것이라고 말했다. 일 순간, 말이 되지 못한 것이 그 자체로 충만할 때, 하고 싶은 말이 온몸에 번질 때, 그러나 들키지 않는 모든 것은 침묵이 된다고 했다. 그것은 그 자체로 붉은 잎새처럼 익어가는 말이 된다고. 그것은 단지 눈빛이 되고, 심장을 어루는 손짓이 되기도 한다고.

가을은 침묵하면서 말없이 모두를 드러낸다. 나는 들리는 것들로부터 가능한 한 멀어지면서, 동시에 열린 귀로 무언가 선명히 듣는다. 나는 그 곁에서 인간을 내려놓는다.

비인간성을 회복하면서도 동시에 그것을 공유하고자 하는 인간의 욕구는 또다시 이렇게 단어를 붙잡게 하지만, 요즘 나는 인간을 두고 흩날리는 낙엽의 뒤엉킴으로 산다. 떨어진 잎새를 한 장 한 장 뒤집어 보는 바람으로 산다. 계수나무 향기로 살고, 익어가는 낙엽의 기분으로 산다. 나는 흔들림이고, 흩날리며 뒹구는 죽음이며, 나는 내 죽음의 목격자이기도 하다.

여기, 잎이 떨어진다. 낙엽이 떨며 진다. 목격자는 아무것도 쓸 수 없다.

입을 열지 않고도 말하는 것.
눈을 감고도 보이는 것.
귀를 닫고도 들리는 것.

포착된 언어는 아무 말도 없다.

그렇게 몇 개의 문장 속에 들어가 한참을 잠긴 동안,
바깥 세계는 어느새 더욱 서늘해져갔다.

시각을 넘어서

🌱

나의 시선은 해바라기처럼 맑다.
내겐 그런 습관이 있지. 거리를 거닐며
오른쪽을 봤다가 왼쪽을 봤다가,
때로는 뒤를 돌아보는
그리고 매 순간 내가 보는 것은
전에 본 적 없는 것,
나는 이것을 아주 잘 알아볼 줄 안다.
아기가 태어나면서
진짜로 태어났음을 자각한다면 느낄 법한
그 경이를 나는 느낄 줄 안다.
이 세상의 영원한 새로움으로
매 순간 태어남을 나는 느낀다.

〈밤을 채우는 감각들〉_페르난두 페소아

겨울, 돌

음습한 추위가 반복된다. 나는 그녀와 함께 낯선 곳을 향해, 사람의 발길이 거의 닿지 않는 산의 돌계단을 조심스레 올랐다. 내려다보이는 저편의 평원에는 누군가 자갈로 원을 만들어 놓은 흔적이 있었고, 그 안에는 각각의 나무에서 채취한 풀과 잔가지들이 쌓여 있었다. 사람들은 그 주위를 둥글게 둘러싸고 긴 대화를 나누고 있었다. 그 장면은 마치 고대 원시 의식을 연상시키며, 생경하게 다가왔다. 이들은 무언가를 기리며, 어떤 진중한 세계를 만들고 있는 듯 보였다. 산비탈로 이르는 오르막길을 걷는 동안, 주변엔 쌓여있는 돌탑들이 여기저기 눈에 띄었다. 자연은 인간의 놀이와 의식을 그대로 허용하고 있었다. "여기 돌탑이 많네요, 누가 쌓았을까요." 나는 그녀에게 말하며 멈춰 선 채, 예쁜 돌을 주워 누군가 올려놓은 돌 위에 살며시 얹었다. 그렇게 누군가의 염원 위에 내 희망의 무게도 조심스레 더한다. 그것이 일제히 쏟아져 내리지 않도록 숨을 참으면서. 그녀도 뒤이어 돌탑 위에 작은 돌을 올린다. 돌탑은 우리가 믿거나 믿지 않는 것들, 우리가 울었거나 미처 울지 못한 시간도, 버려진 영혼과 비밀도, 희망했으나 이루어지지 않는 모든 것까지도 그대로 간직한 채 군데군데 높이 쌓여 있었다. 나는 발아래 있는 예쁜 돌 하나를 주워 흙먼지를 털고, 주머니에 넣었다. 낙엽, 떨어진 열매, 엄지손가락만 한 작은 돌멩이를 주워 오는 습관은 나만의 의식 같은 것이다. 매 순간 마음이 된 것과 마음이 되지 못한 것까지 나는 소중해서, 무언가 자꾸만 기억하려 주워 담는지도 모르겠다.

산을 오르는 동안 공기의 입자들이 대기의 선명도를 낮추고, 낯선 풍경은 우리를 압도하며 몽환의 그림 속으로 슬며시 데려다 놓았다. 조금 더 비탈을 오르자, 하늘이 점차 열리고, 우리는 너럭바위 위에 잠시 가방을 푼 채 주저앉았다. 인적 없는 곳이라니, 산신령이 놀다 갈 법한 아름다운 자연 앞에서 나는 연거푸 감탄한다.

젖은 바위와 나무 냄새가 서서히 느껴졌다. 소나무는 골개를 따라 길게 누워 자라 있었고, 이곳은 마치 시간이 정체되어 있는 세계처럼 느껴졌다. 그녀는 무릎을 세운 채 앉아 있다가, 차가운 바닥에 아예 누워 하늘을 올려다본다. 구름은 습습한 물기를 머금은 채 천천히 흘러가고 있었다.
그녀는 하늘을 올려다보며 알 수 없는 미소를 슬며시 띠었다. 나는 그 옆에 앉아 자유로운 영혼의 시선을 따라가며 질문을 던졌다.
"무엇을 그렇게 보고 있나요."
그녀는 누워서 말했다.
"여기 누워 봐봐. 너무 좋아."

나는 눕기를 망설이다가 그녀를 따른다. 그리고 누워서 하늘을 올려본다.

"종종 혼자 이곳에 자주 와서 누워 있다 가곤 하는데, 이상하게도 이곳에서만 보이는 게 있어. 저기를 잘 봐봐, 가까운 하늘 말이야." 그녀는 내게 가까이 몸을 붙인 채 손가락으로 허공을 가리켰다. 나는 눈빛으로 허공을 헤집으며 무언가를 찾으려 했다. "안개의 입자가 마치 젤리처럼 꾸덕꾸덕 빛나고 있는데, 보이지?"

아무것도 보이지 않지만, 그 말이 마치 너무나도 생생해서, 눈부신 장면을 떠올리며 내게는 보이지 않는 그 아름다움에 대해 상상했다. 어쩌면 내가 아직 도달하지 못한 세계말이다. 깊은 영혼의 눈까지 모두 열어 하늘을 오래 주시했으나, 도무지 아무것도 보이지 않아서 나는 되물었다.

"어떻게 안개가 젤리처럼 보이죠?"

그러나 그녀는 얼굴을 모두 연 채, 허공을 계속 바라보고 있을 뿐이었다. 그녀의 말이 과장되었다고 생각하지 않는다. 세상 누구보다도 진실한 사람이라는 것을 가까이에서 오래 보았으니까. 아름다움으로 둘러싸인 사람의 눈동자는 무지갯빛 뭉치처럼 광채를 발한다. 그건 분명 단순한 눈이 아닌, 영혼의 눈빛일 것이다. 나는 영혼의 힘이 그녀보다는 많이 약한 것일까. 아무것도 볼 수 없으니 말이다. 그녀는 생각이 많을 때마다 이곳에 찾아와, 너럭바위 위로 무지개 하늘을 보기도 하고, 반짝이는 빛 뭉치를 자주 만지며 논다고 했다. 보이지 않는 신비로움은 나의 호기심을 자극하고 그것을 빠짐없이 알고 싶다는 강한 충동을 느낀다.

어느샌가 짙은 구름이 얇은 막을 이루며 층층이 쌓였고, 그사이 붉은 노을빛은 자신의 색채로 끝내 구름을 허물고 있었다. 살아 있는 빛들이 동시에 쏟아져 나와 우리의 눈동자를 물들이고, 가슴을 쓸어내리게 했다. 세계는 이 순간에도 우리가 알지 못하는 모든 것을 동원해 완성한다. 눈앞의 장면은 마치 무수한 파동과 함께 출렁이는 듯했고, 시간은 붉은 물결을 만들고 있었다. 삶의 총체적 보호 아래, 저편의 시간과 이편의 시간이 교차하고 있었다.

무한 안에서 인간이란 무엇인가? 그러나 이처럼 놀라운 또 다른 세계를 누군가에게 알려주고 싶다면, 그에게 가장 미세한 것들을 살펴보게 하라.

나는 돌아와 누워 그녀와 바라본 하늘과 내게 들려준 이야기들을 떠올린다.

인간은 제한된 시선으로 마주한 세계를 진실이라 믿으며 살아갈 수밖에 없는 눈먼 존재들이지만, 불완전함과 실체 없음 속에서도, 세상의 누군가는 모든 열의를 다해 삶을 바라보고, 이해해 보려 노력한다. 그리고 그런 이와 함께할 때면 나는 마음이 이내 동요된다. 아마도 어떤 믿음 때문일 것이다. 그것이 인간이 가진 가장 숭고한 몸짓이라 믿기 때문일 것이다.

보려 했으나 보이지 않는 것들, 알려고 했으나 알 수 없었던 사실들, 투명한 통찰 속에서, 한 사람의 마음에만 오랫동안 빛으로 뭉쳐 있던 삶의 진리들.

눈을 감고 오늘의 일을 곱씹어보면, 내게도 무지갯빛 뭉치가 보이는 것 같다.

* 〈모든 것의 시작과 끝에 대한 사색〉 중에서

남아 있는 것들

찬 바람이 슬며시 곁에 눕자, 등에서부터 한기가 들었다. 겨울이 오고 있음을 실감한다. 더는 숨을 수 없는 계절이 온다. 골조를 단단히 하며 잎을 털어내는 나목은 더는 그 누구의 휴식을 위하지 않을 것이다. 나무가 온전히 자신 안에서 자신만의 쉼에 빠지는 동안, 야생동물이며 새들은 그 틈에서 더 잘 들킬 것이다. 들킬 일 많은 짐승은 자꾸만 움츠리려 들고, 가장자리에서부터 언 발을 혼자 녹여야 할 것이다. 그런 추운 계절에는 마음에 쌓아놓은 돌들을 보며 내 안에 들어야 할 것이다. 이 추위를 견디며 또 다른 나로 나아가기 위한 채비를 할 것이다.

테이블 위에는 언젠가 산책길에 주워 온 돌들로 가득하다. 차갑고 공허한 바람이 나를 물들이는 계절에는, 당분간 어떤 염원으로 살아갈 것이다. 마음이 나도 모르는 새 식지 않도록, 내가 모은 순간의 아름다움을 계속 기억할 것이다. 무지갯빛 언덕 위에서 맛본 바람들, 그것이 떨구고 간 온갖 모양의 잎새들, 심장까지 번지던 노을, 이름 잊지 않으려 되뇌었던 식물들,

아니, 지나친 모든 것까지도. 그러니까, 쓰려고 했으나 발현되기도 전에 잊혀진 문장들, 알려 했으나 알 수 없었던 것들, 마음이 되지 못한 마음, 잊었거나 잃어버린 소망까지도 살아야 할 것이다. 그것은 추위 속에서도 여전히 버틸 힘을 지녔기에, 여전히 나는 겨우내 돌봐야 할 것들이 많이 남아 있다.

시각을 넘어서

그날부터 나는 허공을 유심히 바라보곤 했다. 무언가가 내게도 보이지 않을까 싶어서였다. 그러나 늘 그렇듯, 눈을 비비고 몇 번이고 바라보아도 여전히 아무것도 보이지 않았다. 텅 빈 것처럼 보이는 허공. 그러나 나는 그 속에 무수한 것들로 촘촘히 채워져 있음을 간과하지 않는다.

이 투명한 시간과 공간 속에는 무한한 에너지가 흐르고 있다. 중력과 부력, 원자와 원소가 얽히고 흩어지며, 생성과 소멸을 반복하는 우주의 메커니즘 속에서 세상은 끊임없이 변화한다.

이처럼 보이지 않는 세계의 복잡한 흐름 속에서, 과학자들은 우리가 감지할 수 없는 그 이면의 원리와 법칙을 설명하려 했다. 맥스웰은 보이지 않는 전자기파의 존재를 가정하며, 자연의 법칙을 탐구했다. 아인슈타인은 중력이 시공간을 휘게 한다는 일반 상대성이론을 제시하며, 시공간의 본질적 관계를 설명했다. 이를 통해 관찰만으로는 직접 확인할 수 없는 차원의 실재성을 증명하려 했다. 닐스 보어는 빛과 원자의 성질을 탐구하며, 우리가 직접 볼 수 없는 미시 세계의 원리를 밝혀냈다. 한편, 파스칼은 무한히 작은 세계와 큰 세계의 존재를 철학적으로 조망하며, 눈에 보이는 모든 세계는 자연의 거대한 품에서 지각조차 할 수 없는 한 점에 불과하다고 말했다.

우주는 무한하지만, 우리가 인식하는 세계는 오직 우리가 포착할 수 있는 단편으로만 이루어져 있다. 인간은 감각을 통해 세상을 받아들이지만, 그것이 곧 실재를 이해하는 것은 아니다. 바라봄은 결코 객관적이지 않지만, 우리는 자신이 본 것만을 진실로 여기고, 인식할 수 없는 것은 애초에 존재하지 않는 듯 지나친다.

우리는 의미를 부여하고, 인과를 설정하며, 자신만의 세계를 쌓아 올린다. 우리의 자아는 -지속감이라는 환상, 삶이 과거에서 현재, 미래로 흐른다는- 믿음을 더욱 견고하게 하고, 세계를 바라보는 관점을 고정시킨다. 결국 우리는 존재를 개념화하는 것이 아니라, 개념의 틀 안에서 존재를 해석한다.

각자는 자신에게 유리한 생존 방식으로 현실을 재편하고, 그

*닐스보어

속에서 자신을 보호한다. 우리는 저마다의 확고한 자아를 품고, 눈을 안으로 굽힌 채 자신만의 시야 속에서 세상을 살아간다. 눈앞의 세계는 절대적인 것이 아니라, 우리의 사고가 허용하는 범위 안에서만 형성된 환영이다. 이 바라봄의 오류 속에서 우리는 세상을 영원히 오독하게 된다.

세계는 본질적으로 모순이고 불확정적이며, 양면적이다. 그것을 이해하기 위해서 정반대의 면모도 수용해야 한다.
*깊은 진리의 반대 또한 또 하나의 깊은 진리일 수 있다.

*우리는 모두 우주의 일부로 살아가지만, 그것을 온전히 이해할 수 있는 능력은 한정적이다. 우리가 생각하는 것은 우리의 사고 틀 안에서만 이루어질 뿐이다. 우리는 더 이상 보지 않는 세계가 존재한다는 사실을 인식해야 한다. 인간의 감각은 한정적이며, 그 너머에 또 다른 세계가 있다는 사실을 믿어야 한다. **가장 중요한 질문은 우리가 무엇을 아는가가 아니라, 우리가 무엇을 알지 못하는가이다.

그렇다면 우리가 인식할 수 있는 세계는 어디에 있는가.
나는 거대한 세계와 미약한 나 사이의 괴리를 실감한다. 그리고 그 간극을 좁히려는 사유 속에서 세상을 다시 정의하게 된다.

*아인슈타인 ** 닐스보어

우리를 이루는 것들, 내가 나라고 믿어온 모든 것들은 실은 나와 무관할지도 모른다. 우리가 설정한 인식의 틀 안에서만 '나'라는 개념이 존재할 뿐, 그 틀을 넘어서기는 쉽지 않다. 그리하여 세상을 온전히 마주하기 위해서는 스스로가 만들어낸 환상을 깨고 나와야 한다. 다시 태어난 아이처럼, 처음으로 세상을 바라보듯 시력을 되찾아야 한다.

스스로를 회복하여 의식의 눈을 되찾으려면, 아마도 오랜 고행이 필요할지도 모른다. 자아를 비우고, 무한을 담아낼 준비가 된 마음을 지니기 위해서는. 상처를 벗어나 다시금 맑아진 눈, 고독과 슬픔을 다 통과한 후, 다시금 처음으로 되돌린 눈만이 그것을 가능케 할 것이다. 아직 아무것도 담지 않은 아이들의 눈처럼 말이다.

무한함이라는 근원과 가능성을 담아낼 그릇이 어른에겐 너무도 비좁다. 담아지지 않는 것들이 너무 많다. 이미 지나온 시간 속에서 쌓이고 얽혀버린 것들, 나를 형성했던 기억과 감정의 흔적이 그 빈자리를 대신 가득 채웠으므로. 과거의 나를 이루었던 것들, 축적되고 엉켜버린 의식의 매듭들을 하나씩 풀어야 한다. 안다는 입장보다 아무것도 모른다는 입장으로 질문을 시작해야 한다. 결국 나를 가로막고 있는 가장 큰 장애물은 다름 아닌 나 자신임을 깨달아야 한다.

철학과 사념으로 자신을 무장했던 굳은살들을 벗겨내고, 다시금 투명한 본연의 상태로 돌아가야 한다. 우주의 감춰진 질서 속에서, 온전한 실재를 마주하려면 순수한 아이의 눈빛을 되찾아야 한다.

누가 나의 고유한 눈빛을 앗아갔는가. 그것으로 무엇을 할 수 있으며, 무엇을 바꿀 수 있으며, 또 무엇을 말할 수 있는가. 나는 나에게 묻는다. 무한과 유한, 감각할 수 있는 것과 감각할 수 없는 것, 아는 것과 알 수 없는 것. 그 사이에서 나는 무엇을 지각하고, 사유하며 살아갈 것인가. 끊임없는 의심과 질문만이 답을 제시할 것이다.

믿음을 버리고 의심을 통해 바라볼 때, 비로소 시선은 새로운 문을 연다. 내가 보고 있는 것을 끊임없이 키우고, 그 틈을 통해 바라봄의 깊이를 더하는 시도 속에서, 비로소 진리를 마주하게 될 것이다.

그러니까 이제, 시각의 눈을 넘어 영혼의 눈을 떠야 한다. 그 눈을 활짝 개방해야 한다. 마음의 속박을 풀어내고, 열린 시선으로 바라본 황홀경을 이야기해야 한다. 아무것도 붙잡지 않는 거울처럼 세상을 투영해야 한다. 푸르고 투명한 눈빛, 그러니까 오직 '나'를 넘어선 그 눈빛만 남도록.

사물의 내면은 좀처럼 쉽게 드러나지 않지만, 그 내면을 바라보는 법은 의외로 간단하다. 사물을 똑바로 마주한 채, 자기 내면에 드리워진 커튼을 열어젖히는 것이다.

너머를 바라보는 순간, 이전과는 전혀 다른 세상이 펼쳐지고, 그것은 바라봄의 의미를 새롭게 정의한다. 그것이야말로 진정 나를 보호할 수 있는 가장 높은 시력임을 깨닫는 순간, 비로소 첫눈을 뜨게 될 것이다. 그 눈을 통해 바라본 세상에 놀라야 하는 것이다. 어제의 내가 볼 수 없었던 풍경을 오늘의 내가 바라본다. 이미 있었으나 너무나도 뒤늦게 발견한 세계의 깊이에, 이마를 짚으며 경탄해야 한다.

그렇게 나는 풍경을 바라본다. 그리고 풍경을 바라보는 나를 바라본다. 눈에는 또 다른 눈이 있다. 무수한 눈 속에서도 가장 깊은 눈. 그것은 바라보지 않음으로써 드러나는 감각이며, 바라봄을 넘어서는 시선이기에 가장 선명한 시력을 지녔다.

나무 속에 나무와, 인간 안의 인간, 눈빛 속의 눈빛, 말 속의 말, 대지 아래 대지, 하늘 위의 하늘, 별 너머의 별, 숨겨진 것 속의 숨겨진 것.

의식에는 분명 관통하는 눈이 있다. 이것은 단순한 시각이 아니라 오감을 넘어서는 생경한 감각이며, 말로 다 표현할 수 없는 맑은 빛이다.

그 눈으로 바라본 세상에는 이미 존재하지만, 아무도 볼 수 없는 것들이 드러난 채로 존재하고 있다.

분리해서 바라보기

바라봄의 깊이를 탐구하는 여정에서 나는 '나'를 분리하여 바라볼 수 있어야 하지만, 그 길은 쉽지 않다. 이 분리는 단순한 거리두기가 아니다.

그것은 나를 객관적으로 바라보는 동시에, 세상의 진실에 더 가까이 다가갈 기회를 준다. 내가 나를 내려놓고, 외부에서 나를 바라볼 때, 내가 그토록 의식하지 못했던 본질이 드러나기 시작한다. 나를 분리해 바라보는 순간, 나는 이전에는 바라보지 못했던 나 자신을 발견하고, 그 너머의 세계까지 인식하게 된다. 새로운 눈으로 세상을 보게 되고, 그 시선은 내가 지금까지 스쳐온 것들을 모두 담아낼 수 있는 그릇이 된다.

나는 나를 벗어난 곳에서 거리를 두고 바라본다. 나는 어떤 표정과 말투인지, 어떤 걸음걸이인지, 어떤 태도로 살아가는지, 그리고 내가 서 있는 방향과, 그 방향이 지시하는 미래는 어디일지까지도 말이다. 그리고 분리된 시선으로 세상을 들여다본 뒤, 나와 세상의 관계를 타인의 눈으로 관찰하는 것이다. 내가 나이기를 포기하는 방식으로, 나는 나를 발견하고, 세상을 직시하며 삶의 방향을 설정한다.

나를 분리하여 바라보는 행위는 단순히 외부의 시선에 의존하는 것이 아니다. 그것은 의식의 다양한 층위를 인식하는 일이기도 하다. 나는 시각의 다면성을 탐구한다. 시선이 서로 교차하고, 충돌하며, 궁극적으로는 하나의 진리로 통합하는 과정을 늘 고민하고 고민한다.

의식은 여러 시각을 조율하며 바라봄을 깊게 한다. 분명 의식은 다양한 성층을 지닌다. 그 의식들 위에 강경한 자아를 놓으면, 제 역할을 수행하는 시각의 다채로운 기능을 방해한다. 단단한 자아는 나와 타자, 그리고 세상을 영원히 오독하게 한다.

그리하여 나는 분리된 자아로부터, 그것을 넘어선 의식 그 자체로 바라본다. 하나의 의식은 내면에 그대로 자리하며, 또 다른 의식은 외부를 통해 나를 투시한다. 또 하나는 내면과 외면의 균형을 잃지 않도록 감시하며, 다른 하나는 무의식으로 머물게 한다. 그리고 남은 하나의 의식은 이 모든 감정에 내가 휘둘리지 않도록 조종한다. 그 모든 시선이 어떠한 갈증도 겪지 않으며, 입장을 포기할 때, 비로소 나는 자유로운 영혼의 속성으로 통합된다.

이 모든 바라봄은 단순한 관찰로 끝나지 않는다. 그것은 나와 세계의 관계를 새롭게 정의하며, 나는 내면과 외면의 모든 층위에서 다시 태어난다. 그 바라봄 속에서 비로소 진짜의 존재를 깨닫게 된다.

※

사건을 바라보는 것이 아니라, 현상 그 자체를 응시한다. 흘러가고 있는 모든 것들, 고정된 실체가 아닌, 유동적인 움직임을 본다. 거시적이고 통섭적인 시선으로 바라본다. 나무의 하나하나를 개별적으로 바라보는 것이 아니라, 그것이 이 자연의 시간 속에서 얼마나 유기적으로 성장하는지 바라보고, 숲을 이루기까지 수백 년의 시간을 동시에 꿰뚫어 바라본다. 생명과 죽음을 동시에 바라본다. 감정을 바라보는 것이 아니라 감정이 어디서 시작되었는지, 그 시작점을 바라본다. 사건을 넘어 존재의 발생지를 거슬러 본다.

계속해서 변화하는 환경이 나를 어디로 이끌고 있는지, 이 원초적인 탐구가 무엇을 발견하려 하는지. 그리고 지금, 이 모든 것이 어떻게 변모해 갈 것인지를 바라본다. 씨앗에서 숲으로, 물방울에서 바다로, 바다에서 수평선 너머로.

그 끝없는 흐름과 호흡 속에서, 범람하는 강물처럼 거리로 쏟아져 나오는 사람들, 젖어 드는 하늘, 생과 죽음, 깃들지 못한 영혼들 사이, 많은 눈빛을 바라본다. 우리 모두가 어떻게 진화해 가는지 바라본다.

거대한 삶의 흐름이 어떤 형태를 만들어 내는지 바라본다. 나는 어디쯤 머물러 있는지, 무엇이 나를 나아가게 하고, 무엇이 나를 속박하는지 바라본다. 계속되는 흐름 속에 멈춰 서 있는 자아를 바라본다. 즉흥적으로 반응하는 나를 바라본다. 과거와 현재, 미래를 동시에 바라본다. 연기처럼 사라지는 모든 것과 남겨질 모든 것들을 동시에 바라본다. 흘러가는 삶 속에서 무엇이 나를 자유롭게 하는지 바라본다.

확장의 세계

내가 나를 몰랐던 존재의 기원에서부터 살아본 적 없는 먼 미지에 이르기까지, 나는 예측할 수 없기에 모든 예측이 가능한 세계의 이면에까지 다다른다. 점차 더 확장된 차원의 가능성으로 시간과 공간의 경계를 넘어서면, 나는 그 무엇도 아니기에 모든 것이 될 수도 있다. 존재는 이미 무한한 가능성을 품고 있으며, 나는 그 모든 가능성의 집합체로 무수한 파동 속에 떠 있다. 나는 우주를 가로지르는 흐름 속에 존재하며, 그 흐름은 아직 형체도 갖지 않은 채, 존재하지 않는 것까지도 품고 있다. 발현된 존재와 아직 펼쳐지지 않은 비존재 사이에서, 아직 나타나지 않은 세계를 넘어본다. 펼쳐지지 않는, 그러나 언젠가 펼쳐지기를 기다리는, 여전히 세계의 바깥에 구겨져 있는, 그 모든 실체까지 떠올리고 그리워한다.

그렇게 세계를 무한히 확장된 시각으로 본다. 나는 발생하지 않는 모든 시간으로부터 왔으므로. 한 번쯤 살 수도 있었으나 살지 않았던 숱한 시간을 지나쳐 지금의 내게 도달했으므로.

나는 발견되지 않은 진실까지도 삶의 흐름에 합류시킨다. 거기서 만나지 못한 사람들, 그들의 웃음과 울음까지도.

이곳엔 목격되지 않은 미래가 흐르고, 광대한 우주가, 탐험이, 놀라운 광경이 숨어 있다.
여기에는 아직 오지 않는 계절의 향기와, 태어나지 않은 아이들의 웃음소리가 있다. 도약하는 군중의 발걸음이, 광장에 몰려든 사람들의 환호가, 국경 없는 깃발이, 만난 적 없으나 떠나간 자들의 작별 인사가 있다. 아직 그 어디에도 불리지 않는 노래와, 내가 모르는 새벽의 고요가, 한 번도 담아본 적 없는 시선이, 약속되지 않은 희망과 믿음이, 몰래 버려진 사랑이, 한 번쯤 믿어보려 했던 기억이, 무수한 희망과 절망이, 여기 없는 슬픔과 눈물이, 만나야 했으나 모르는 채 스쳐 지나간 모든 이들이, 여기 이 부재 속, 발견된 적 없는 세상의 뒷면에, 아직 쓰이지 않는 따뜻한 문장이, 숨겨진 채로 잊혀져 버린 마음이, 깊은 포옹이.

일어나지 않은 모든 부재 속에, 그 부재를 능가하는 가능 속에 그리고 우리가 알지 못하는 모두의 의식 속에, 모든 것이 흐르고 있다.

존재의 무에서부터, 없는 것을 있는 것이라 믿어보는 것.

내가 마주한 그 가능성을 상상하고, 그리워하고 감히 옮겨보는 것이 인간의 몫이다. 시대는 흐르고, 흐르지 않은 것들도 흐른다. 목적 없이 흐르고, 목적과 함께 흐른다. 그 영원의 물결 속에서, 우리는 아직 닿지 않은 모든 것을 향해, 이 순간에도 끝없이 나아간다.

그리하여 나는 숲을 걸었다. 걸음이 더 이상 나를 드러내지 않도록, 마침내 걸음과 내가 분리될 때까지, 그것과 무관해 보일 때까지 숲을 걸었다. 숲을 걸어야 했던 목적 이전에, 누군가 숲이라 부르기 이전의 숲을, 그러니까 이것이 숲일까, 그런 생각 이전의 숲을.

그곳엔 바람과 나뭇잎의 흔들림이 있었고, 더 깊숙이 들어서자 바람은 아직 이르지 않았으며, 그리하여 어떤 소리도 발생하기 이전의 숲을 걸었다. 그 모든 것이 시작되기 전의, 숲속을 걸으며, 나는 비로소 근원에 다가가고 있다고 느꼈다.

〈리타의 산책〉 중에서

존재에 대한

그렇게 나는 한 겹씩 나를 계속해서 벗겨 내고 해체해 간다. 나를 이루었던 세계는 눈앞에서 산산이 부서진다. 불안과 안도가 교차한다. 나는 그것을 지나며 수용하고 그 무엇이 이끄는 대로 떠나간다.

실제로 이 세계는 우리의 인식과 전혀 다르게 구성되어 있다. 오로지 순간만 존재한다. 매 순간 마주하는 모든 장면은, 연결되어 있지 않은 단 한 번의 호흡이며, 시간과 물질의 얽힘 속에서 잠시 드러난 결괏값일 뿐이다. 실상 우리는 의미를 지닌 존재라기보다, 잠시 이곳에 현시된 하나의 현상이며 흘러가는 상태에 가깝다.

존재란, 실은 육신이 아닌 생명 그 자체의 근원적인 감각에 더 가까운 것이다. 나라고 부를 수 있는 것은, 나를 구성한 물질 속에서 작동되는 보이지 않는 역동성, 곧 영혼 그 자체이다. 그것은 확고한 실체가 아닌, 결합하고 이동하는 운동이고,

끊임없이 촉발되는 현상이다. 그리하여 나는 오직 현전(現前)의 상태에 머무른다. 존재감, 그것만 남기고 바라본다. 살아 있음이라는 감각 속에서 본질을 주시한다.
그렇게 나와 거리를 둔 채, 모든 믿음을 모두 반문하며 답을 찾아 나설 때, 나는 마침내 눈을 뜨게 된다.

존재에 대한 탐구는 더 이상 '존재란 무엇인가'라는 고정된 질문에 머물지 않는다. '존재는 어떻게 변모하고 진화하는가'로 확장될 때, 우리는 비단 인간에게만 국한되지 않는, 인간을 넘어선 더 넓은 세계를 마주하게 된다. 그것은 시간과 공간을 넘어선 거대한 맥락 속으로 우리를 이끈다. 존재는 결코 단독의, 고립된 개체가 아니다. 그것은 흐름 속에서 서로 얽히고, 교차하며 함께 움직이는 생명이다.

통찰은 단지 깊은 철학적 사고에만 의존하지 않는다. 그것은 변화하는 세계를 향한 깨어있는 감각, 시대 정신을 넘어선 사유, 그리고 그 세계에 진심으로 반응하려는 태도에서 비롯된다. 이러한 흐름 속에서 시대의 정의는 끊임없이 재구성되고, 과거의 의미는 오늘의 변혁을 통해 새로운 가능성을 열어간다. 결국, 진리란 고정된 개념이 아니라, 변화 속에서 생동하는 살아 있는 움직임 그 자체이다.

이렇듯 변모하는 통섭적 사고는 우리가 가지고 있던 낡은 사고방식을 지속적으로 깨뜨리고, 뒤집는다. 그 변화는 혼란이 아니라, 더 깊은 통찰과 새로운 방향을 제시하며 우리를 앞으로 나아가게 만든다. 진화의 본질을 알 때, 우리는 더 깊은 지혜를 얻고, 비로소 진정한 삶의 흐름에 자신을 맡길 수 있게 된다. 점점 더 확장된 시야로 세상을 그대로 바라볼 수 있게 된다.

🌿

자연은 가장 자연스러운 상태로 존재한다. 숲속에 가만히 앉아 계절에 따른 변화 속에서 내가 그 일부임을 느낄 때, 내가 나라는 경계를 넘어 끊임없이 새로워진다. 존재는 더 이상 단일한 실체가 아닌 관계적이고 유기적인 움직임으로 다가온다. 그것은 단순한 사유가 아닌, 감각으로 연결된 깊은 체험이다.

그렇게 더 깊은 근원적인 차원으로부터 세상을 바라볼 때, 우리는 비로소 이 우주가 하나의 거대한 직조물처럼 끊임없이 엮인 채로, 그리고 동시에 무한히 흘러감을 알 수 있다. 만물의 상호성을 깨닫는 순간, 우리는 자신의 고립이 아니라, 세상의 전체적 연결 속에서 살아가고 있음을 알게 된다. 그리고 종국에는 나 자신이라는 환상에서 벗어나 세계를 관조하게 된다.

이 순간에도 우리는 서로의 에너지를 주고받으며 무한히 흐른다. 그 안에서, 나는 순수한 현전의 감각으로서 존재한다. 단지 그저 가만히 존재하는 것만으로 존재를 다한다.

존재를 이해한다는 것은 그 흐름 속에서 자신의 자리를 찾는 일이다. 이 거대한 삶의 흐름에 나를 내맡겨, 온 몸을 던지는 일이다. 세계의 연결 속에서 바라보는 거시적 통찰, 그리고 단독적 세계를 마주하는 미시적 시선. 나는 그 양극 사이 어딘가에서 살아간다.

예술은 가치를 추구하는 것보다 가장 낮은 삶의 바닥을 짚고 살아 보는 것이다.

인간의 지적 욕구를 충족시키는 것이 아니라 침묵과 함께 교화하는 것이다. 판단하는 것이 아니라 동화되는 것이다.

삶 위에 삶 말고 다른 것을 놓을 수 없다. 모든 것 우위에 삶이 있다.

〈리타의 일기〉 중에서

삶을 위한 예술

꽃 앞에 서서, 그 빛깔과 질감, 형태를 보며, 어떻게 이런 보드랍고 섬세한 존재가 세상에 나왔을까 생각한다. 향기를 맡으며 나도 모르게 감탄이 번져 나온다. 하지만 그것을 손상하기보다는 지켜주는 마음으로, 오랜 시간 그 앞에 앉아 있다. 그러다 습관처럼 노트를 펼친다. 이 아름다움을 온전히 간직하고 싶다는 마음에서다.

안개 낀 숲을 걸으며 나무 한 그루를 마주하거나, 바람에 흔들리는 들풀을 바라볼 때, 혹은 빛을 품은 수면 위의 윤슬을 감상할 때, 우연히 꽃 한 송이를 발견할 때. 마음 한켠에 말로 표현할 수 없는 오묘함이 불현듯 찾아오고, 그 순간, 삶의 무게를 초월하는 경이로움을 느낀다. 그렇게 우리는 운명처럼 다른 세계를 마주하게 된다.
생각해 보면, 꽃은 우리의 생존에 아무런 도움도 주지 않는다. 사람은 본능적으로 자신을 보호하는 수단으로서 시각을 사용해 왔다고 한다.

위험을 감지하고, 필요한 것을 구하고, 목적을 이루기 위해 시력을 사용했지만, 그러나 언젠가부터 우리는 단순히 '먹을 수 있는 것'이나 '사용할 수 있는 것'에서 넘어서기 시작했다. 생존에는 아무런 쓸모가 없고, 아무런 가치도 없는 '무용한 것' 속에서 처음 경이로움을 느끼기 시작했다. 그건 인간이 육안을 열고 나와, 처음으로 영안을 깨운 큰 사건이었다. 우리는 그 앞에서 발걸음을 멈추고, 숨을 고르며 가슴에 손을 얹는다. 그 시선은 단순한 감각적 반응이 아니라, 인간의 정신이 가장 순수하게 발현되는 순간인 것이다.

의식이 진화함에 따라, 생존과 직접적인 연관이 없음에도 불구하고 꽃은 인간이 그 가치를 인정한 최초의 대상이었다. 에크하르트 톨레는 이를 두고, 인류가 마침내 자신의 내밀한 존재의 핵심에 눈을 뜬 순간이라고 말하며, 그 순간을 예술의 시작으로 보았다. 쓸모없음 속에서 자신의 진정한 본질을 발견하고, 그것을 통해 우리의 마음을 흔들며 새로운 의미를 부여하는 일. 무용한 것들을 사랑하는 일. 그것은 내게도 단순히 무언가를 '창조'하는 행위에 그치지 않고, 우리가 세계와 관계 맺는 방식이며 동시에 존재를 지속하는 힘이 된다. 예술이란, 우연한 바라봄 속에서 불현듯 존재의 원천을 깨닫고, 그 깨달음에 삶의 의미를 더하는 모든 행위인 것이다.

내게 진정한 예술은 무엇일지 생각해 보다가, 그건 창작이 아니라, 가치 있는 삶을 사는 일에 더 가깝다고 여겨진다. 그건 예술을 위한 삶이거나 무언가를 목표하는 삶이 아니라, 일상의 작은 행위 속에서 모든 순간과 접촉하고, 발견하며 매 순간 감동하는 일에 가깝다. 다시 말해, 예술을 '하는' 게 아닌 예술을 '사는' 삶. 그 오랜 신념은 변함없다.

그러니까 내가 조금 더 구체적으로 생각하는 삶은, 생존에 기인한 치열함도, 물리적, 생물학적 범주도 아닌, 그것을 넘어선 의식 행위에 가깝다. 자아를 성찰하고, 존재의 의미를 찾아가며, 통찰하는 삶에 가깝다. 나는 이를 위해 특별히 무언가를 하지 않는다. 단지 계속해서 영을 열고, 그 상태를 지속하며, 자유롭게 삶을 거닌다. 결코 한가해서가 아니다. 생존 본능의 욕구와도 직결된 번잡한 현실 속에서 이러한 삶을 온전히 향유하려는 시도는 어쩌면 불가능에 가까울지도 모른다. 그렇기에, 이 불가피한 현실 속에서 아무도 추구하지 않는 것을 지속하고자 부단히 애쓰는 일상은 고차원적인 의식 행위이며 그 자체로 예술만큼이나 특별해진다.

꽃 피는 큰 사건 속에서, 이제 막 눈을 뜬 한 사람은 비로소 최초의 질문이 터져 나올 것이다.

'나는 무엇을 보았는가, 무엇이 나를 스쳤는가, 무엇이 피어났는가, 그리고 이제 무엇이 남아 있는가, 그렇다면 나는 무엇으로 살아갈 것인가?'

꽃은 내면의 무한한 확장, 그 중심에 자리하고 있었고, 언제부터인가 그것이 내게 잘 보이기 시작하면서부터 내 삶은 비로소 향기가 나기 시작했던 것 같다.

오늘도 나는 개화하지 못한 마음을 따라 걸었다. 그러다 문득, 내 안에 솟아나려는 것이 무엇인지 묻는다. '나는 피어날 준비가 되었는가, 그러니까, 피어남을 능가할 준비가 되었는가? 아름다움으로 향하기 위해서?'

밤하늘의 유성우

오늘 밤 유성우가 내릴 거라는 소식을 듣고 서둘러 집을 나섰다. 별자리를 잊을까 싶어 손바닥에 '페가수스자리에서 북서향 방면의 쌍둥이자리'라고 적었다. 겨울의 찬 공기가 코끝을 얼렸다. 도심의 꺼지지 않은 가로등 아래 하늘은 희붐했고, 별들은 멀고 작게 깜빡였다. 검은 하늘 사이로 듬성듬성 먹구름이 걸려 있었다. 더 깊은 어둠을 찾아 걷다가 어느덧 경의선 둘레의 숲길 끝자락에 다다랐다. 마지막 기차 소리가 간간이 들려왔다. 한여름이면 풀벌레 합창으로 가득하고, 가을이면 설탕 단풍이 타오르던 이 길은, 지금 한겨울의 고요 속에 얼어붙어 있었다.

밤이 깊어지며 나뭇가지가 바람에 흔들리고, 달빛은 얼어붙은 낙엽 위에 은빛 그림자를 드리웠다. 곳곳에 가로등 빛이 새어 나왔지만, 별을 보기엔 방해가 되지 않았다. 나는 인적이 닿지 않는 나지막한 둔덕에 돗자리를 펴고 누웠다. 차가운 흙의 냉기가 등을 타고 올라왔지만, 유성우를 기다리기에 아무 문제가 되지 않았다. 밤이는 별엔 관심 없어서 얼어붙은 풀밭을 돌아다니며 차가운 풀 냄새를 킁킁했다. 나는 주먹을 쥔 손바닥의 글씨를 다시 확인했다. 시간이 천천히 흘렀다. 겨울 하늘은 얼어붙은 별들을 고정해 놓았고, 유성우는 좀처럼 모습을 드러내지 않았다. 나는 숨을 고르며 기다렸다.

하늘은 검은 비단처럼 펼쳐져 있었고, 별들은 바늘로 찔러놓은 듯 드문드문 빛났다. 쌍둥이자리의 아래 붉은 별 하나가 유난히 선명했고, 그 옆으로 노란 별이 희미하게 반짝였다.

이 우주는 얼마나 깊은 걸까. 우주에 관한 연구와 관측이 이루어진 건 고작 백 년 남짓한 일인데, 그 이전의 사람들은 이 하늘을 올려다보며 무엇을 품었을까. 별 너머에는 어떤 세계가 있을까. 저 검은 암흑 속에는 인간이 발견하지 못한 행성들로 가득하다.

생각을 이어가던 중, 붉은 별을 가로지르며 빛의 꼬리가 스쳐 지나갔다. 연이어 페가수스자리와 쌍둥이자리 사이로 또 하나의 별똥별이 곡선을 그리며 사라졌다. 너무 빠른 순간이라 소원을 빌 새도 없이 숨을 멈추고 "아!" 하고 탄성을 내뱉었다.

그 빛은 하늘에 금빛 실을 꿰듯 선명히 남았다가 사라졌다. 나는 몇 개의 유성우를 더 포획하려 애썼지만, 먹구름이 몰려와 별들을 하나둘 가리기 시작했다. 아쉽게도 두 개의 별똥별만 마음속에 품고 자리에서 일어설 수밖에 없었다. 여전히 별의 짧은 빛이 눈앞에 아른거렸다. 나는 다시 고요한 밤의 사유에 몸을 맡겨, 천천히 걸으며 깊은 어둠에서 나왔다.

도시의 불빛이 점차 가까워졌다. 인간의 거리는 밤낮으로 환하다. 가로등과 건물의 인공 광채는 하늘의 별을 삼키고 우리를 현혹한다. 높이 솟은 건물, 번쩍이는 간판, 이 세계 속에서 우리는 마치 영원히 존재할 것처럼 예속되어 살아간다.

무한한 우주 앞에서 인간은 얼마나 작은 존재인가. 우리가 쌓아 올린 세상은 번쩍이는 허상에 불과하다. 인간은 눈먼 채로 그 속에서 아등바등 살아간다. 삶의 무게에 짓눌려, 불행에 매달리며, 방향을 잃고 헤맨다. 이렇게 견고한 도시는 끊임없이 나를 무언가 하도록 내몬다. 그러나 이 밤하늘의 별들을 올려다보면, 이 모든 인간사는 한 점 티끌에 지나지 않는다. 하루하루를 살아내는 일이 중요하다고 여기지만, 이 거대한 공간 속에서 우리의 분투는 먼지 한 톨이 일으키는 떨림에 불과하다.

까마득한 우주의 어디쯤 나는 존재한다. 온통 죽음뿐인 이 광활한 공간 속에서 살아 있음은 기적이지만, 우리는 그 진실과 무관하게 이곳 가까이에서 영원히 살 것처럼 얽혀 살아간다.

우주는 한순간도 멈추지 않고 팽창한다. 우리의 시간도, 슬픔도, 우리가 애써 쌓아 올린 세계도, 우주의 엔트로피에 의해 사라진다. 우리가 쥐고 있는 것이 손가락 사이로 빠져나갈 모래라면, 무엇을 위해 이토록 애달프게 살아가는 걸까. 거대한 하늘을 올려다보면, 이 모든 것이 인간의 결핍과 욕망이 쌓아 놓은 한낱 신기루처럼 느껴진다. 우리가 창조한 고통이다.

그것을 증명하는 건 어렵지 않다.
우리가 만든 삶은 우리가 규정한 의미와 정의, 이름과 방향 속에서만 존재할 뿐이다. 도로, 표지판, 거리의 건물들, 차들. 만약 인간이 만든 모든 것이 사라진다면? 그것들을 지우며 세상을 바라본다면 알 수 있다. 방향도, 시간도, 목적도, 계획도 동시에 사라진다는 사실을.

그렇다면, 남은 것은 무엇일까? 나는 나와 관련되지 않는 장면을 하나씩 삭제하며 걷는다. 거리의 나무를 지우고 기찻길과 가로등을 하나씩 지운다.

건물과 도로와 표지판이 삭제되자 아무것도 남지 않는 장소가 되었으며, 거리는 어떤 방향도 지시하지 않은 채, 나는 걷고 있다기보다는 덩그러니 놓여있는 것에 가까웠다.

내게 대입할 만한 것은 아무것도 없었으며 나는 앞과 뒤, 방향을 상실했다. 반응할 것이 사라지자, 어딘가로 가야 한다는 목적이 파괴되었고, 걸음을 재촉하는 모든 의식도 해제되었다. '나는 어디로 가는가.' 라는 목적이 사라지자 나는 걸어야 하는 이유를 상실했으며, 의도적으로 행해야 하는 모든 것이 사라졌다. 이곳에는 나 말고는 아무것도 없으므로, 그 무엇에도 대처할 이유가 없었다. 이 순간, 나는 시간도, 장소도 필요없는 본연의 존재로 있었다. 실재란, 이렇듯 그저 놓여있는 상태로서 투명해진다.

이 밤은 들키지 않은 별들과 고요한 질문으로 이어진다. 비록 도심의 불빛이 별을 가리고 있지만, 나는 아까 보았던 별똥별 두 개를 마음속에 선명하게 새긴다.

살아 있는 동안, 그 짧은 순간 속에서도 빛을 남기는 건 별뿐만이 아니다. 사라질 세상의 환영 속에서 모두가 눈먼 채 살아가더라도, 나는 이곳에서 무엇으로 삶을 비출까 떠올린다.

아무리 세상이 드높아 눈을 가려도, 나는 삶의 가장 중요한 본질을 놓지 않은 채, 밤하늘을 자주 올려다보는 마음으로 살아갈 것이다.

시간의 물결 위에 겹쳐진 장들

거리를 걷다가 지나가는 사람들을 멀찍이 바라본다. 그러다 보면 풍경이 나로부터 서서히 멀어지며 미묘한 틈을 드러낸다. 그 틈새로 시선을 던지면, 사람들의 각기 다른 세계가 펼쳐지며 겹쳐진다. 저편의 학생은 자전거 페달을 밟으며 목적지를 향해 달리고, 노인은 느릿느릿 걸음을 옮기다 벤치에 앉아 하늘을 가르는 새의 날갯짓을 응시한다. 강아지는 얼어붙은 땅을 가볍게 걷고, 그 주인은 창백한 겨울 햇빛 속에 시선을 묻는다. 누군가는 상심에 젖은 얼굴로 거리를 지나고, 또 다른 이는 지는 해 속에서 기다림을 품는다. 이곳에는 수많은 삶이 교차하고, 시간이 얽힌다. 공간의 각 지점마다 다른 속도와 리듬이 있다. 붉은 석양이 모두의 얼굴을 물들이고, 쇠오리들이 차가운 하늘을 가르며 날아오르는 동안에도, 나는 이곳에서 삶의 다층적인 결을 응시한다. 우리는 이 순간 하나의 풍경으로 포개어져 있다.

이 순간 나는 홀로이면서도 분리되지 않은 전체로 존재한다.

개인은 타인의 세계와 겹치며 새로운 풍경을 이루고, 기존의 질서를 허물며 다시금 새롭게 구체화된다. 우연 속에서 싹트고 흩어지는 모든 만남과 이별, 그 삶의 파편들이 나를 빚어낸다.

모든 삶의 장면은 결속이자 만남이며, 연결이자 사라짐이다. 순간의 조각들은 바람에 실려 어딘가로 흘러가, 끝없는 순환 속에서 새로운 이야기를 잇는다.

이 삶은 한낮의 풍경에 잠시 무늬를 그리며 또 다른 방향과 시간을 가리킨다. 그렇게 우리는 한 지점에 머물다 고유한 시선과 기억을 안고 자신의 길로 흩어진다. 겨울 태양 아래 숨 쉬던 모두는 밤이 오면 각자만의 고독으로 다시금 수렴한다.
그렇게 가을이 떠나간 자리 겨울이 빈공간을 채우듯, 차가운 대지는 또 다른 발걸음으로 메워질 것이다.

자홍빛 하늘이 모든 이의 옷깃에 흘러내린다. 남은 빛은 모든 풍경을 물들인다. 공원을 떠나며, 나는 이제 이 장면에서 서서히 분리된다. 다시금 아이들의 웃음소리가 멀어지고, 뒤돌아 공원을 바라보는 동안, 순간은 잠시 멈춘 채, 내게 아름다운 일시 정지로 기록된다.

우리는 여전히 각자의 시선과 시간으로 세상을 살아간다. 모두 연결된 우주의 일부임을 깨닫는 동시에, 개인이라는 고유한 리듬 속에 고립된 존재처럼 보인다. 인간은 자신만의 개별적 경험과 감각으로, 각기 다른 저마다의 방식으로 반응하며 세상에 독특한 흔적을 남긴다.

우리는 얽혀 있으면서도, 동시에 각자의 고독한 시간 안에서 살아가는 존재이다. 한 사람의 시선은 세계 전체를 담는 듯해도, 실상은 단 한 사람의 깊이로만 세상을 느끼고 경험할 수밖에 없다. 예컨대, 바람이 나뭇잎을 흔드는 순간은 모두에게 같아 보이지만, 누군가는 거기서 잃어버린 시간과 그리움을 떠올리고, 또 누군가는 다가올 새로운 생명과 희망을 느낀다. 세상은 모두에게 공유되지만, 그것을 받아들이는 방식은 너무나 개인적이다.

공존과 고독 사이에서, 우리는 서로를 만나고 스쳐 지나며, 각자의 외로운 궤도를 따른다. 이처럼 인간의 삶은 우주의 무한한 흐름과 개별적 시간의 두 축 위에서 춤추듯 흘러간다. 그 사이에서, 우리는 무수히 흔들리며, 깨어난다.

인간의 시간

이 모든 연결과 얽힘 속에서도 우리가 인식하고 살아가는 세계는 분명 고독에 더 가깝다.

겨울은 한 사람을 더 한 사람으로 만들고, 그 고독의 자리를 더 선명히 바라보게 한다. 거리의 사람들은 이따금 서로의 궤도를 충돌하며 지나친다. 같은 길을 걷고, 같은 하늘을 바라보는 듯해도, 실은 우리는 각자의 시간과 공간 안에서 전혀 다른 세계를 본다.

모든 것에는 고유한 시간이 있다. 세상은 정교하게 연출된 하나의 장면처럼 보이면서도, 마치 그것과 무관한 듯, 여기저기 편재되어 있다. 서로 다른 개별적 삶이 어딘가에서 겹치고 연결되며, 우리는 그 다층의 레이어를 살아가는 듯하다. 혹은 서로를 알지 못한 채 휘감겨 흐르며, 계속해서 반응하고, 때로는 분리되기도 하며, 삶은 기묘한 방식으로 얽혀 출렁인다.

우리는 각기 다른 하늘 아래, 개인의 우주를 탐험하며 살아가는 듯하다. 우리가 저마다 다른 인식의 눈으로 세상을 인지한다는 사실을 증명하는 건 어렵지 않다. 가령 실제로 하나의 꽃을 바라볼 때, 사람마다 향기, 색, 느낌, 방향, 각도에 따라 다 다르게 반응하게 된다. 누군가는 꽃을 진홍색이라 말하고, 누군가는 다홍색이라 한다. 누군가는 그 꽃을 보고 왠지 슬프다고 말하고, 누군가는 예쁘다고 한다. 한 송이의 꽃을 바라보면서도, 각자의 얽힌 사연과 경험에 따라 그 꽃은 다르게 존재한다. 다섯 사람이 동시에 같은 꽃을 본다 해도, 사실 그들은 다섯 송이의 각기 다른 꽃을 바라보는 셈이다. 우리는 같은 대상을 바라보면서도 전혀 다른 색감, 촉감, 온도로 그것을 기억할 것이다. 이 꽃을 섬세히 마주하기까지, 실은 우리는 너무나 다른 시간과 경험을 걸어와 마주한 셈이다. 저마다의 마음은 각기 다른 꽃을 피워내지만, 그것에 대해 서로 이야기를 나눌 때, 살아온 각각의 세계가 만날 때, 그 바라봄이 교집합을 이루어낼 때, 꽃은 그때 비로소 완전한 의미로 피어난다. 결국 하나의 꽃은 여러 개의 삶이 모여 만들어낸 결괏값임을 알게 된다.

그리하여 무언가 바라볼 때, 자아의 시선으로 사물을 바라볼 것이 아니라 그 너머의 전체까지 바라봐야 한다. 저마다 다른 인식의 세계를 동시에 바라보아야 한다.

타인의 시선을 나의 바라봄과 계속 겹치며, 교집합을 이루어내는 빛깔의 세상을 마주해야 한다. 그 통합을 이루어낼 때, 우리는 비로소 연결되고, 확장될 수 있을 것이다.

당신은 이 순간, 무엇을 바라보고 있으며 어디를 향하고 있는가, 그리고 어디쯤 있는가. 나는 저편이 무척이나 궁금하다.

나는 각자의 삶에 깃든 이야기와 그 세계에 속해 바라본 마음을 나누기를 늘 희망한다. 함께 꽃을 피워가는 과정을 좋아한다. 결코 우리 자신은 홀로 확립되지 않으며, 다른 존재와의 관계 속에서 비로소 또 하나의 세계를 여니까 말이다. 개별적으로 흐르는 혼자의 시간을 잠시 지연시키고, 서로의 중첩된 시선을 나누며, 모든 것을 함께 하고 싶다. 다 다른 삶의 색채가 모여 그것이 얼마나 풍부해질 수 있는지, 우리의 사유가 어디까지 확장될 수 있는지, 함께 피어나고 깨어나는 대화를 나누고 싶다. 이토록, 하나의 장면처럼 보이는 세계의 황홀 속에서 말이다.

그러나 이따금 이 인간의 세계가 너무나 고독하다는 생각에 빠질 때면, 나의 바라봄은 한겨울의 잿빛으로 물든다. 때때로 나는 단단한 외투를 입고, 어두운 거리를 너무나도 오래 걷는 기분이 들곤 한다. 그렇게 걷다 우연히 마주친 누군가와 서로의 손을 맞잡아보다가도, 차가운 촉감에 소스라치게 놀라, 이내 원래의 자리로 돌아오곤 한다. 그렇게 우리는 서로의 펼쳐진 세계를 접고, 다시금 보이지 않는 저마다의 세계로 귀속한다. 각자의 시간 속으로 더더욱 깊숙이 파고들며, 거기서 여전히 불완전한 세상을 감상한다. 내가 접한 세상을 누군가에게 그대로 보여주고 싶지만, 그것은 거의 불가능한 시도임에 자주 좌절하게 된다.

너무나도 인간의 겨울

간밤에 내린 눈은 그대로 얼어 있었다. 앙상하고 야윈 나무마다 흰옷을 입었고, 덤불숲의 가지와 나무 둥치 위에도 뭉친 채 얼음꽃이 피었다. 하얗다는 말은 왠지 정적이다. 꽃 덤불 가지 위에 얼어버린 눈꽃, 하얗게 서린 입김, 고요한 시선, 언 호수, 서리꽃, 찍힌 채 사라진 발자국, 찻잔의 흰 연기.

겨울엔 가릴 것 없어 더 선명하다. 헐벗은 나무와 너무나 커져 버린 풍경 사이로 겨울은 나를 데려가, 그 끝까지 바라보게 한다. 그리고 눈 덮인 장면 중심으로 나를 이끈다. 그건 하얀 고백이다, 너무나도 하얀 고독이다. 근원으로 돌아가지 못한 마른 잎이 여전히 나뭇가지에 매달려 겨울을 요란하게 뒤흔든다. 녹지 못한 목수국 꽃대의 흰 눈 위로 눈발이 또다시 내리고, 꽃의 목이 살짝 휜다. 하얀 바람 소리, 산책을 더욱 깊이 만든다.

일 미리씩 사뿐히 내려와, 결국에는 모든 것을 덮어 버리는 눈,

작은 것은 크다. 그것은 소리 없이 묵묵히 계속된다. 서성이는 이들의 발자국 위에도 흰 눈이 덮인다. 뜨거운 침묵과 아직 귀가하지 못한 한 사람의 영혼에도 흰 눈이 내린다.

공원의 아이들이 삼삼오오 모여 눈사람을 만든다. 너무나 커져 버린 눈덩이, 결국 얼굴을 올리지 못해 끙끙대다가, 어느새 모두 우르르 사라진 자리에는 다른 아이들이 찾아와 남은 눈사람을 완성하고 있었다. 나는 하나의 장면 밖으로 조용히 스쳐 지나간다. 한 사람을 느린 서릿발 소리로 들려주는, 살과 살, 마음과 마음, 그 사이의 간격이 잘 보이는 겨울. 온기를 찾지 못한 고양이가 바위 뒤에 웅크려 있다. 겨울에는 고양이 눈빛도 깊다.

거리엔 떠나고 남은 잔상들만으로 가득하다. 겨울은 모든 흔적을 얼리며 겹으로 내려앉고, 지워진 발자국 위로도 모르는 발자국이 켜켜이 쌓인다. 어떤 사람이 오간 자리는 녹아 있고, 어떤 자리는 여전히 얼어붙어 있다. 사람은 없고, 사람이 서 있던 자리, 나만의 상념도 더러 찍혀 있다.

얼굴도 모를 사람의 발자국이 이토록 선명하게 드러나는 계절이라니. 찍힌 것은 겹겹이 한 사람 몫의 고독이지만, 녹을 때는 하나로 흐르는, 이토록 새하얀 풍경이라니.

찬찬히 걸으며 물으면, 흰 입김으로 대답하는 산책길이었다.

눈이 내린다고 생각하면, 눈 앞에 펼쳐지는 기억들.

주머니 속에는 손가락과 난로, 촛불과 기도, 작은 짐승의 깊은 잠 숨소리, 천천히 책 넘기는 소리, 소리를 덮는 적막, 그리고 눈사람만을 위한 방.

한 장의 기록을 하는 순간, 몇 번의 숨을 내뱉었고, 그 사이사이 눈발이 세상의 절반을 덮었다. 창밖에 쌓인 눈빛만으로 환한 밤. 겨울은 길가에 세워둔 자동차나 나무에도, 집집마다 흰 모자를 덮고 잠이 든다. 모든 것을 하얗게 덮는다. 마음의 불안도, 외로움도, 기쁨과 절망도.

저편에 눈사람이 있다. 이 추위 속에서, 간밤에 눈사람을 돌보던 마음과 그 마음을 비추며 한 명쯤 알아보는 눈길이 잠들지 못한 채 깨어 있다.

눈, 사람

눈 내린다. 한때는 소복이 쌓인 눈길에 서서 코를 훌쩍이며, 손 모아 만들었던 눈사람. 흰 눈을 밟으며 걷다 그것을 발견하기라도 할 때면, 옛 기억이 떠올라 입가에 옅은 미소가 번진다. 그러다 누군가 만든 눈사람 옆에 작은 눈사람을 만들려다 말고, 다시금 주머니에 손을 넣으며, 그 자리를 스쳐 지나간다.

흰 눈에 손을 펼쳐보기까지, 몸과 마음의 거리가 너무 멀게 느껴진다. 손끝의 차가운 촉감을 느끼기도 전에, 이제는 차갑다는 생각이 마음을 더 앞선다. 마음도, 몸도 더는 어울리지 않을 때, 겨울은 더 매섭게 느껴진다.

언제부터인지, 마음이 몸을 이끄는 게 아니라, 몸이 마음을 제어하는 것 같다. 무언가 자꾸 잃어가는 것 같다. 한때는 흰 눈이 내리는 것만으로 마음이 환해지고, 세상을 다 가진 기분이었는데. 고작 그게 행복의 전부였던 시절도 있었는데.

이제 더는 눈사람을 만들지 않는 어른이 되었다. 나를 멈추게 하는 것이 무엇인지, 몇 겹의 단단한 외투와 겹겹의 문으로 나를 가두는 것이, 보이지 않는 벽이, 아무에게도 들키지 않는 마음속에 나를 오래 앉혀 두고, 앉힌 채 방치하는 것이. 동심을 잃어간다는 것. 마음을 잃어간다는 것이, 눈사람을 만드는 것이 아닌 눈사람처럼 살아가는 것이. 어디로 간 걸까, 찬물에도 뛰어들던 열정이, 땀방울과 울음이, 시린 손을 비벼가며 만들었던 눈사람이, 첫사랑과 포옹이. 그렇게 마음만으로 우량한 세계를 만들곤 하던 지난날들이.

❦

한때 나는 눈 내리는 겨울마다 나만의 의식이 있었다. 아무한테도 말한 적 없지만, 언젠가 누군가에게 보여주고 싶은 비밀 같은 것이 있었다.

나는 눈이 소복이 내리는 겨울밤이면 거리로 달려 나가 손바닥만 한 작은 눈사람을 만들었는데, 붉어진 언 손을 입김 불며 그것을 집에 데려오곤 했다. 그건 계절을 기억하는 나만의 방식이었다. 텅 빈 냉동실은 눈사람이 살기 좋은 집이었고, 나는 나만의 밀실을 열어 종종 겨울에 만들었던 그들의 안위를 확인하며 안도하곤 했다. 지금 생각하면 너무나도 무용한 행위였지만, 나만 아는 비밀이 있다는 것은 기쁨이었고,

그건 대화였으며, 외로움을 달래는 일이었고, 아무도 모르게 계절을 기억하는 나만의 방식이었다. 눈사람 방에는 한 겨울 내린 만큼의 눈사람이 쌓여 있었고, 그들의 개수만큼 희망을 세며, 때로는 좋아하는 이들을 떠올려보기도 했다. 봄에도, 여름에도, 가을에도 종종 냉장고로 달려가 눈사람을 확인했다.

누군가에게 눈사람을 선물하고 싶다는 마음에서부터 시작했지만, 결국 어디에도 고백하지 못했고, 그 누구에게도 그것을 선물하거나 이 사실을 알리지 못했다. 떠오르는 이가 있을 때마다 냉동실을 열어 보곤 했는데. 봄에도, 이듬해 여름, 가을에도. 그러나 겨울 아닌 계절에 그것을 선물할 방도는 없었다. 시간이 지나며 마음에는 희망보다는 절망이 점차 하얗게 쌓여갔고, 나는 더욱 차가운 눈사람이 되어갔다. 아마도 슬픔에 잠기거나 누군가가 나를 떠날 때마다 눈사람을 하나씩 녹였던 것 같다. 그것은 한동안 방치되었고, 시간이 더 지나서, 여러 차례 이사를 다니며 눈사람은 기억 속에서도 완전히 녹아내렸다. 그리고 시간이 한참 지나, 더는 눈사람을 만들지도, 눈사람 방을 열어보지도 않는 어른이 되었다. 그러나 기억의 가장 깊은 곳에는 여전히 눈사람을 만들던 겨울밤이 보관되어 있었다.

한 번씩 흰 눈이 펑펑 내리는 밤, 호주머니에 손을 깊이 찔러 놓고 걷다가 문득 길가의 눈사람을 보면, 여전히 내 안에 녹지 않는 마음 같은 것이 아른거린다. 눈이 내리면 정이현 작가의 책 속 글귀가 자꾸만 떠오른다.
 '녹을 줄 알면서도 눈사람을 만드는 마음' 말이다.

눈사람을 만들기까지의 마음과, 흰 밤의 고요와, 꽁꽁 언 손 같은 것이, 손끝의 차가움보다도 더 간절했던 사랑이, 누군가를 떠올렸던 마음이. 조용히, 아무도 모르게 긴 긴 밤 손을 비벼가며 만들었던 희망이.
그러나 그것들은 해가 거듭될수록 점차 녹아가고 있었다.

사라진 것들은 한때 우리 곁에 있었다. 녹을 줄 알면서도, 아니 어쩌면 녹아버리기 때문에 사람은 눈으로 '사람'을 만든다.

🌿

눈 내리는 밤, 팔짱을 낀 채, 창밖으로 하얗게 내리는 눈발을 바라본다. 눈발에 옷깃이 젖는 것마저 염려되어, 이제는 먼발치에서 바라만 보는 하얀 겨울. 저기 희미하게 누군가가 서서 자신보다 큰 눈사람을 만들고 있었다. 볼이 발그레하게 웃고 있는 소년이, 아무에게도 들키지 않는 마음 같은 것이.

세상을 지속하게 하는 건, 꽁꽁 언 풍경 속을 거니는 한 사람 몫의 고독이 아니라, 추위에도 눈사람을 만들어보려는 마음일 것이다. 비록 그것이 녹아 사라진다 해도, 용기 내는 마음. 텅 빈 터의 달빛이 아니라, 그 달빛을 품으려 잠을 설치던 한 사람의 눈빛일 것이다. 다시금 빛을 향해 신발 끈을 묶는 마음. 함께 나눈 웃음 뒤로, 그것을 잊지 않기 위해 애쓰는 마음 같은 것이라고 말이다.

다음 날 아침, 눈 그친 산책길에서 저편에 우두커니 서 있는 것을 발견한다. 가까이 다가가니 그것은 사람 같은 형상을 한 눈사람이었다. 어떤 마음이 만들었을까 떠올리며 지나칠 때, 눈사람은 나뭇가지를 문 채 나를 향해 사람처럼 웃고 있었다. 이편에 서 있는, 차가운 눈사람을 향하여.

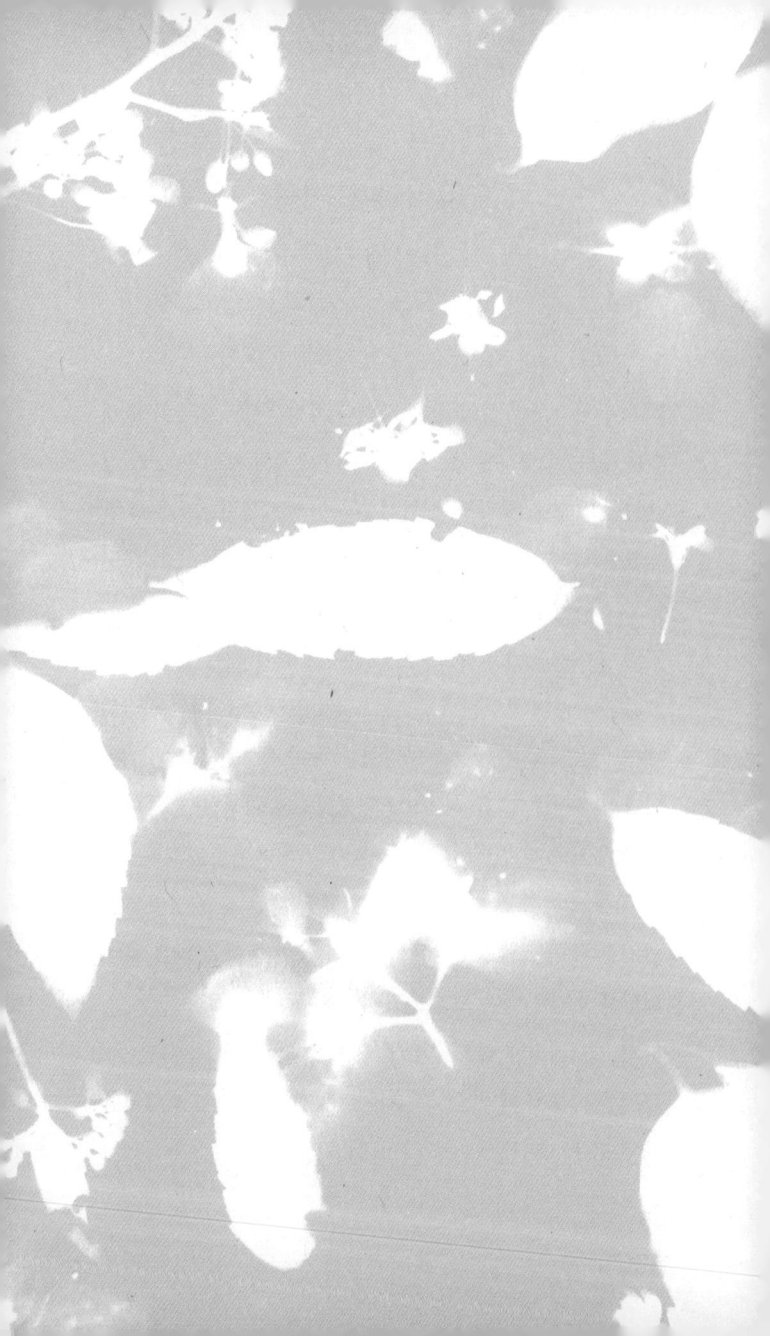

수국이라는 계절

여름의 한가운데 들어서면, 집마다 형형색색의 꽃들이 만개한다. 나는 그중 수국을 좋아한다. 목수국의 매력은 단연 섬세함에 있는데, 꽃잎들, 정확히 말하면 꽃잎처럼 보이는 꽃받침들은 각기 다른 빛깔로 펼쳐져 있다. 멀리서 보면 한 덩어리의 커다란 꽃처럼 보이지만, 가까이 다가가면 그 풍성한 꽃받침 중심에는 소박하고 작은, 진짜 꽃들이 숨어 있었다. 겉으로는 화려해 보이지만, 진짜 속마음은 들킨 적 없는 사람의 내면처럼. 수국은 계절을 따라 변화하며 독특한 색채의 아름다움을 보여준다. 봄에는 연둣빛 봉오리로 와서, 여름에는 순백 꽃송이로 한껏 피어난다. 가을이 오면 다채로운 보랏빛으로 점차 깊어지고, 겨울에는 모든 색을 지운 채, 앙상하지만, 단단한 꽃대를 남긴다. 이는 단순히 꽃의 특성을 넘어, 내게 다양한 감정을 담은 상징으로 다가온다.

담장 아래에서나 골목길 끝에서, 혹은 누군가의 집 화단에서 그것을 마주칠 때면 수국은 마치 기다림이 특기인 사람처럼, 매년 같은 자리에서 나를 맞이해준다.

여름날이면, 동네 어르신들은 한 주택가 담장을 따라 흐드러지게 핀 목수국 앞 평상에 모여, 늦은 밤까지 부채질하며 담소를 나누곤 했다. 거기에 섞여 여름 내내 그들의 사는 이야기를 듣곤 했는데. 제법 무더웠지만, 현장은 늘 활기찼고, 다정했다.

잠이 오지 않는 늦은 밤, 근처를 서성일 때면, 텅 빈 평상 위로 그들의 웃음소리가 그대로 머물러 있었다. 이따금 그 옆에 앉아 혼자만의 시간을 가지며 식혀야 할 마음들을 떠올리기도 하고, 달빛을 감상하거나 누군가가 그리워질 때면 마음속에 혼잣말로 편지를 쓰다가, 수첩을 펼쳐 글을 써 내려가곤 했는데, 이내 가만히 앉아 꽃향기를 맡다 돌아오곤 했다. 수국은 아무 대답도 하지 않았지만, 여름 내내 가만히 거기 그 자리에 있어 주었고, 그렇게 꽃은 동네 사람의 일부처럼 모든 계절의 시작과 끝을 함께 했다.

한여름 늦은 밤, 눅눅한 공기가 감도는 산책길이었다. 여느 때와 같이 수국이 피어 있는 꽃길을 따라 걷고 있을 때, 어둠 속에서 한 엄니가 수국의 봉오리마다 투명한 비닐봉지를 하나씩 씌우고 있는 것이다. 화단의 꽃대마다 알록달록한 솜사탕이 그득했다. 그의 손길은 한 땀 한 땀 조심스럽고 꼼꼼해서, 나는 그 장면을 흥미롭게 바라보다가, 궁금함을 참지 못해 가까이 다가가 물었다. 꽃의 주인은 고개를 들어 내게 말했다.

"밤부터 비가 많이 온다는데, 걱정이야. 꽃이 비를 맞아 다칠까 봐." 그녀는 활짝 웃다가, 다시 손을 바삐 움직이며 하던 일을 이어갔다. 꽃이 비를 맞아 다칠까 봐 염려하는 마음이라니. 그 마음이 되돌아가는 길가에도, 아무도 없는 공터에도, 향기처럼 따라왔다. 비가 그친 다음 날 아침, 나는 눈을 뜨자마자 밤새 솜사탕이 녹아내렸을까 봐 걱정되어 신발 끈을 묶고 길을 나섰다. 마을 곳곳에는 간밤에 내린 빗물에 쓰러진 풀과 꽃들이 많았다. 억센 비를 견디지 못한 풀들은 여전히 늘어진 채 뿌리를 붙들고 있었다. 그러나 화단의 수국은 비 개인 오전의 햇살을 받으며, 아무것도 모르는 얼굴로, 여전히 화사하게 자신을 뽐내고 있었다.

시간이 지나면서 꽃은 점점 보랏빛 너머로 물들어 갔고, 나는 한동안 꽃을 잊을 만큼 바쁜 시간을 보냈다. 더위가 식어가는 동안, 마음에 일궜던 몇 개의 문장을 더디게 쓰고 고치며, 도심으로 분주히 일하러 다녔다. 그 사이 목수국도 서서히 지고 있었다. 오랜만에 찾아간 화단의 수국은 고운 빛깔을 모두 거둔 채, 고요히 말라갔다. 그때 약간 슬프면서도 이상한 기분이 들기도 했는데, 꽃은 꽃잎을 끝내 떨어뜨리지 않고 마지막까지 모두 품은 채 식어가는 것이었다. 그것은 지난날의 아름다운 기억을 버리지 못하고 앓기만 하는 내 모습을 닮아 있었다. 마치 내 오랜 습성이자 고행과도 같은 사랑법이었다.

나는 점차 굽어가는 꽃 앞에서 서서, 그것을 가슴에 밀어 넣으며, 피어나는 마음과 떨구지 못한 마음을 생각했다.

늦가을의 찬 공기가 점령하자, 그렇게 수국의 싱그러움은 온데간데없어지고, 그리움의 피부색 그대로 앙상하게 식어갔다. 시든 채 고개를 숙인 그것은 마치 한 자리에 오래 무언가를 기다리는 나처럼, 제 무게를 인내하고 있었다.
화단에 나온 엄마에게 나는 묻는다. "이거, 너무 처량한데, 마당에 이대로 두려고 해요? 내년이면 어차피 다시 필 텐데 거두지 않아요?" 엄마는 빙그레 웃으며 말씀하셨다.

"겨울에 이 위에 흰 눈이 쌓일 거야. 본 적 없구나, 그 꽃이야말로 일품이지. 창밖으로 내리는 눈과 함께 피어난 함박눈 꽃이 얼마나 예쁜지 몰라. 그걸 보려고 벌써부터 기다리고 있어."

계절의 황량함 속에서도 누군가는 다가올 아름다움을 기다리고 있다니. 그것은 단순한 자연의 변화가 아니라, 기다림과 희망이 더해져 만들어낸 또 다른 마음의 계절이었다.

그때 나는 알게 되었다. 꽃은 계절을 살리며, 누군가의 마음에 피어난다는 사실을. 맞다. 꽃은 분명, 그것을 바라보는 우리의 시선 속에서, 지그시 바라보는 사람의 눈빛 속에서, 기다리는 이의 가슴 속에서 다시 피어난다.
거리에는 여전히 잊지 못할 빈자리가 가득하고, 점차 공허해지지만, 이제 그 자리에 내가 피어날 차례가 왔음을 실감한다.

겨울이 오자 살이 아리도록 추웠다. 눈 내린 거리는 적적하고 고요했지만, 기다림으로 가득한 화단에는 함박눈 꽃이 한, 둘 피어났다. 마른 꽃대 위에 소복이 쌓인 눈꽃. 그 완성된 아름다움을 나도 보고야 말았다!

거리 곳곳에는 사람들의 눈길과 사랑으로 피워낸 눈꽃으로 가득했고, 나는 그 환함을 마주하며 손 모아 기뻐한다. 비로소 꽃은 온갖 빛으로, 마음에 피어나고 있었다.

세상이 종종 너무 빠르게 흘러가, 마음을 잃은 채 하루를 흘려보내곤 한다. 그 순간마다 나는 곳곳에 숨은 추억과 이웃집 담장에 걸린 다정을 찾아 걷고 멈추며, 시들지 않는 장면을 주워 담았다. 가끔 마음 없이 살아가는 기분이 들기도 하지만, 그럼에도 세상은 여전히 어딘가의 들키지 않는 이들의 마음으로 이루어져 있다고 믿는다.

사람이 꽃을 돌보고 나면, 어느덧 꽃이 사람을 돌보는 계절도 있어서, 이름 붙일 수 없는 계절이 분명 여기 있어서, 또 하나의 계절을 여는 마음으로 나는 다시금 피어난다. 그 향기, 이곳, 긴긴 겨울 적막의 시간을 화사하게 채운다.

이 겨울이 지나가면

겨울이 지나면 봄이 온다. 겨울이 끝나야만 봄이 오는 것이 아니라, 겨울이라는 계절이 흐르는 동안, 그 속에서 이미 봄은 자라고 있다.

겨울은 일시적인 정지처럼 보인다. 땅은 얼어붙고, 나무는 비어 보이지만, 그 안에서는 여전히 생명의 숨결이 흐르고, 보이지 않는 곳에서 새로운 움직임이 예고된다. 씨앗은 깊은 어둠 속에서 깨워질 준비를 하고, 얼어붙은 대지 아래에서도 뿌리는 자라며, 고요한 침묵 속에서도 삶은 흐르고 있다. 그 속에서, 여전히 생명은 이어지고 있다. 인간의 삶도 마찬가지다. 절망과 희망이 서로를 밀어내지 않듯, 우리는 상실 속에서 무언가를 발견하고, 기다림 속에서 다시 나아간다.

나는 피어나기 위해 숨죽이고 있는 이 고요한 숲에서 문득 깨닫는다. 변화는 외부에서 오는 것이 아니라, 내면에서 시작된다는 사실을. 나무의 가지는 얼어붙어 있지만, 계절은 순환한다.

겨울은 고독을 상징하는 계절일지도 모르지만, 완전한 혼자가 되었을 때, 비로소, 내가 누구인지 탐문할 수 있다. 우리는 고독 속에서 자신을 마주하고, 그 고독과 침묵을 통해 진정한 존재의 의미를 알아간다.

시간이 흐르고 계절이 변하듯, 우리는 그 속에서 깨달음을 얻고 자신을 찾아간다.
그렇게 따뜻함과 차가움, 기쁨과 슬픔, 어둠과 빛, 모든 감정과 순간들이 맞물리며 하나의 존재가 되어 간다.

우리가 이 세상에 존재하는 이유는 단순히 살아가는 것이 아니라, 그 속에서 무엇을 배우고, 무엇을 깨닫고, 무엇을 만들어내는가에 있다. 이 겨울이 지나면 다시 봄이 올 것이다.

그리고 아마도 그 외딴 길을 오랜 시간 묵묵히 걸어온다면, 언젠가, 더 좋은 흐름 속에서 우리는 만나게 될 것이다. 서로 다른 길의 그 끝에서 우리는 같은 진리를 향할 것이다.

문장은 소리가 없으며, 침묵과 조용한 고백 사이를 거니는 징검다리다. 우리는 이제 다리를 건너 서로에게 다가간다. 동시에 멀어진 나로부터 다시 가까워진다. 이 지껄임은 당신을 향한 마음이자 동시에 다시금 온전한 나 자신으로 되돌아오는 방법이 되어 주곤 한다. 그래서 나는 아무것도 들어주지 않는 마음을 향해 이리도 긴 글을 쓰는지도 모른다.

〈리타의 일기〉 중에서

나는 전적으로 숨겨져 있는 것, 드러나지 않는 것들에 관심이 많다. 인정받지 못한 진실과 침묵에 대해서도 관심이 많다. 이름 없는 사람들의 삶과 혼잣말 같은 것에 대해서도, 타인의 밝힌 적 없는 생각과 불면에 대해서도 관심이 많다. 거기에 모든 것이 다 있다는 생각이 든다. 우리를 깨어나게 하는 건 결국 끝까지 남고야 많은 불편한 진실과, 모든 침묵이 지나가고 난 후에 배어든 빛이라고 말하고 싶다.

〈리타의 일기〉 중에서

들키고 싶은 마음은 어디에도 닿지 않는 채, 많은 눈빛을 스쳐 간다. 한 사람을 더 한 사람으로 깊어지게 하는 밤이 반복된다. 테이블에 앉으면 마음이 되지 못한 이들과 글이 되지 못한 침묵이 가득하다. 그럼에도 어디에도 구할 수 없는 삶이 있어서, 한 문장에도 꼭 매달려 있는 사람이 있어서, 누군가 적막한 방에서 책을 펴들 때, 소리 없이 다가가 불을 켜주는 마음으로 쓴다.

우리는 얼굴을 모른다. 단지 마음이 이런 방식으로 작동된다는 것을 믿을 때, 나는 더 멀리 닿는 기분이 든다. 누군가의 이마를 짚어주는 기분이 든다. 그것이 계속 쓰는 마음이 되었다.

기다리는 마음으로

세상은 언제나 눈부시고 아름다운데, 이상하게도 나는 밟힌 잎이나 못생긴 돌, 죽은 벌레 따위에 더 시선이 간다. 사람들은 꽃처럼 예쁜 것을 보고 환호하지만, 나는 잡풀 따위에 더 마음이 간다. 나를 닮아서, 그것들을 찬찬히 바라봐 주는 마음은 어디에도 없는 것 같아서.

누군가 마음을 말할 때, 나는 그 이면의 진실만을 들여다본다. 용기나 기쁨에 대해 이야기할 때, 나는 조금 더 냉정한 슬픔을 바라본다. 그리고 그 슬픔 속에서 우리 조금 더 솔직해지자고 말한다.

나를 쓰도록 하는 그 힘이 어디에서 오는 것인지 생각해 보면 나는 다른 작가들과 조금 다른 방식으로 글을 쓰는 것 같다. 나에게 문학은 잘 쓰고자 하는 욕구가 아니라, 말할 수 없는 것을 겨우겨우 붙잡아 두려는 몸짓에 가깝다. 금지된 순수성, 근원적인 탐구에 대한 갈망이 더 크다.

그렇게 사람들이 세상이나 사회에 대해 이야기할 때, 나는 그들 속에서 언제나 드러나지 않아 소외된 것들을 말하고, 그 가치를 증명하고자 한다. 그렇게 나는 작가라기보다는 세상의 뒤편에 존재하는 모든 것들의 대변자에 가깝다. 이렇게 적는 행위는 냉정하고 거친 세상을 향한 유일한 대항일지도 모른다. 보이지 않는 것들에 대한 연민과, 대단하지 않음으로써 고귀한 것들에 대한 찬사와 경외의 마음일지도 모른다. 그 속에서야말로 나는 고독하지 않다는, 그런 작은 확신을 품게 된다. 작은 꽃들이 척박한 땅에서도 무사히 피어나듯, 그러니까 내게 글쓰기는 피어나는 것이 아닌, 불가능과 함께 피워내는 일에 가깝다.

문득 나는 내가 오래전부터 일반적인 길을 걷지 않는다는 사실을 알게 되었다. 어떤 기형적인 모습, 그로 인한 어딘가 조금 다른 시선, 타인들과 다른 삶의 양상과 유별남, 지나친 고독과 고통, 그것을 이해하고자 애쓰는 나 자신이 결국 스스로를 설득해 나가는 과정 속에서 발견한 작은 깨달음. 내 몸짓은 그러한 흐름에 가깝다.

이런 길을 걷게 된 이유는 아마도 무의식적으로 형성된, 태생적 기질과 그로 인한 남들보다 조금 더 기구했던 삶의 내력 때문이겠지만, 일련의 성장 과정에서 나무의 나이테처럼 나도 모르게 쌓인 감정과 사고의 결들, 그것은 쉽게 공유되거나 발설되지 않는 채, 내 안에 깊숙이 자리 잡은 슬픔과 고독의 형체로 남아 있다. 모든 문장은 깊고 어두운 심연 속에서 흘러나오는 독백과 같고, 벗겨도 벗겨도 이 무늬는 뚜렷하다.

더 깊은 내밀한 마음에 닿으면 내게 글쓰기는, 사랑받고자 했으나 그 어디에도 기댈 수 없었던 내 결핍에서 시작된 것 같다. 배고픈 마음을 나는 글로써 보호하고, 스스로에게 보상한다. 문장을 통해 나 자신을 더 외롭게 만들면서도, 이것만이 타인을 사랑할 수 있음을 그리고 오로지 이 방식을 통해서야 비로소 내가 사랑받을 수 있는 존재임을 알기 시작할 때부터이다.
삶에 아무런 희망도 기대도 없는 이 운명을 완전히 받아들이면서부터 나는 비로소 스스로를 사랑하는 존재자로 거듭난 것 같다.

거스르는 마음만으로 이루어진 나는, 이상한 것만 찾아다니느라 늘 자신을 더 외롭게 하고 삶이 곡진하지만, 이제 나는 이런 방식으로만 타인에게 존재하는 사람이 되었다. 나는 현실에서 거듭 고립되고, 이러한 문장 속에서 비로소 세상과 연결된다. 그런 내력은 시간이 지날수록 나를 두텁게 감싸며 삶의 무늬를 더 견고히 해나간다.

부단히 살고자 몸부림치면서, 끝내 이곳에 다다른다. 마침내 삶을 자연 속에서, 그리고 이 지면 속에서 발견하기 시작한 것 같다. 나는 산책과 글쓰기 이외에는 거의 아무것도 하지 않는데, 나는 이 두 가지 만으로 나를 옭아맨 불행과 서서히 작별하며 마음의 해방을 찾을 수 있었다.

이렇게 자연에 기대어 당신에게 계속 이야기하는 것은, 어쩌면, 이 행위만이 나와 같은 운명을 지닌 이들의 마지막 안식처가 되어 줄 수 있을 것 같다는 믿음에서다. 무수히 벗어나고자 긴 세월 시도한 끝에 발견한, 단 하나의 평화가 여기였다는 것을, 이것 말고는 방도가 없었다는 것을, 거듭 말하고 싶었는지도 모른다.
이 속에 서서히 동화되면서, 나는 더 이상 심리적 고립감이나 슬픔을 느끼지 않는 사람이 되었다는 것을 고백하고 싶었는지도 모른다. 아니, 고백이라기보다 마침내 내가 그것을 지나왔다는 것을, 그 끝에서 다른 나를 발견했다는 것을 말하고 싶었는지도 모른다.

나는, 이제 자연의 모든 것처럼, 나를 흔드는 온갖 것들을 가만히 수용하고 받아들이는 방향으로 마음을 선회하여 자유를 얻게 된 것 같다.

그저 이러할 수밖에 없는, 거부할 수 없는 숙명에 완전히 항복한 것인지도 모르겠다. 내가 무엇을, 왜 쓰는지 마지막 페이지까지 도달해 생각하면, 이러하다.

나는 이런 삶을 언제부터인가 완전히 받아들이면서부터, 더는 방황하거나 좌절하지 않고, 기록을 이어가지만, 책장을 덮으면 세상은 여전히 거칠게 휘몰아친다. 바깥은 투명하고 작은 것들을 흔들고, 유혹하고, 유약하게 한다. 우리는 이제 삶 속에서 저마다 저마다의 구원자가 되어야 한다.

저편과 달리, 나는 이곳에서만큼은 더 강한 자가 되어, 때로는 환희를 쓰고, 때로는 눈물을 쓴다. 써 내려가는 힘은, 어둠에서도 빛을 찾으려는 의지에서 비롯되는 것일지도 모르지만, 이제 여기서 나를 돌보며 동류의 존재들을 오래 기다린다. 저편이 아닌 이곳에서, 기다린다. 현실은 점차 나 같은 마음이 설 자리가 없지만, 무구함으로 비대해진 이 영혼은 지면 위에 서야 비로소 자유의 춤을 출 수 있다.

한때는 글이 좋아 썼는데, 언제부터인가 숨기 좋아 쓴다. 집에 들어오면, 눈과 마음을 씻고 노트를 펼친다. 세상은 이제 이 속에만 있는 것 같아서, 나는 여기서만 사는 것 같아서, 살리는 것들이 달아나지 않도록 꼭 붙든 채 지낸다.

여전히 나는, 고유한 마음을 지켜내기 위해 역행하는, 그 모든 노고만이 특별해서, 그것이 신념이든, 삶 혹은 사랑이든 간에, 어두움 속에 굳건히 혼자 남은 이들만이 참으로 애틋하고, 각별하다. 여기, 혼자된 마음이 얼마나 깊고 높은 것인지, 나는 안다. 나는 아는 사람이고, 아는 사람이 되어서 이 자리에서 기다려줄 수 있는 사람이다.

그리하여 나는 아무도 몰래, 저편의 삶에서, 무해하고 유순한 것들만 하나씩 이곳에 옮겨와 세계를 다시 짓는지도 모르겠다. 나는 저기 없고 여기 있는 사람이 되어, 끝없이 적는다. 이것만이 세상의 마지막 구원이고, 희망이라도 되듯 말이다.

이제 내 앞에 놓인 운명은 그것들을 지켜내는 것이다. 나는 이 자리에 남아 있어야 한다. 나와 같은 이들에게, 가까스로 이곳에 당도한 이들에게, 한 줌의 마음이 꺼지지 않도록 무한히 속삭이기 위해서다.

나는 여기 있다. 거기 있는 당신을 언제나 기다린다.

✿

우리가 진심과 진실로써 연결될 수 있는 건 이곳이 유일해 보인다. 아무도 다치지 않는, 아주 무해한 방식으로 말이다.

들키지 않을 만큼 작게, 단지
무해하게 살고 싶었을 뿐이다.
그 마음이 이리도 커져 버렸다.

내가 지키고자 하는 것들이
여전히, 나를 지키고 있다고 믿는다.

당신이 지키고자 하는 것들이
거기서, 당신을 지키고 있기를 바란다.

삶의 영화는 내가 만들어가는 것.
감독이자 주인공인 나는
새하얀 숲길을 천천히 걷는 장면을 시작한다.
걸어보는 일. 당신을 만나러 가듯
천천히 걸어보는 일.

〈사라지는, 살아지는〉 중에서

글을 쓴다는 것은, 소복하게 쌓인 흰 눈을 처음 걸어보는 것처럼 지면 위에 조심히 살아있음을 증명하는 행위와도 같다.

그렇게 걷고 걷다 보면, 발아래 온기를 따라 풀들도 자라고 꽃들도 피겠지. 꽃잎 위에 나비도 앉고, 새 한 마리 찾아와 구름을 쪼아 대기도 하겠지. 빗방울이 한껏 정밀 묘사하고 나면, 마음에는 다 자란 풀들이 온갖 녹음을 뽐내기도 하겠지.

⟨사라지는, 살아지는⟩ 중에서

긴 긴 겨울, 모든 글을 덮고 난 뒤,
나는 남아 있는 마음을 이어서 쓸 것이다.
부족한 끝은 늘 새로운 시작을 알린다.

눈앞에는 끝나지 않는 설원이 여전히 보인다.
무엇이 계속해서 걷게 하는지, 어디로 향하는지,
나는 무엇으로 발자국을 남기는지, 모르지만,

끝나지 않은,

삶은, 길 위에 발자국을 찍는 것이 아니라,
그 발자국 속에 이야기를 채우는 과정이다.
사람은 단지 살아 있는 존재가 아니라,
마음속 울림으로 나아가는 존재다.

마지막 장이 되어서야 책장을 덮고, 새로운 노트를 펼친다.
이제 겨우 깨끗한 흰 눈 위에 첫발을 뗀 기분.

그런데, 당신은 어디쯤 걷고 있을까,
우리는 그러니까 어디쯤에서 만나게 될까.

창을 여는 마음

Rita's Garten

지은이 © 안 리타
메일 an-rita@naver.com
펴낸곳 홀로씨의 테이블

1판 2쇄 발행 2025년 11월 23일

ISBN 979-11-992790-1-8

이 책의 판권은 저자에게 있습니다.
책 내용의 전부 또는 일부를 이용하려면 동의를 받아야 합니다.